就算變成蟲也得去上班

벌레가 되어도 출근은 해야 해

朴允晉 박윤진 著

黃菀婷 譯

12 職場沉浮，生涯迷航，
本經典同理你的委屈，
療癒你的憂懼

目錄

自序
你也可以編織屬於自己的人生故事

「我是誰？」

「怎麼樣才算是過得好？」

因為是哲學系出身，所以周圍的人經常問我類似的問題。

雖然我也經常思考相關的問題，對自己的生活也還算滿意，但每當被問到類似的問題時，我還是會陷入沉默，久久無法回答，因為我無法提出對他們而言，真正合適的答案，這讓我感到有點抱歉，也覺得很困擾。

後來，當有人又問我相關的問題時，我會這樣回答他：「每個人都是某個『故事』中的主角，每一篇故事的發展都取決於我們的『思想』，就如同好樹會結出好果子，壞樹會結出壞果子一樣，好的思想會持續帶來好的故事，壞的思想就會帶領故事持續走向壞的發展，我們都是故事的主人，都有能力在故事走向愈來愈偏差前導正，寫出自己真正渴望的結局。」

當然，僅憑模糊的決心和意願，很難改變已經定調的故事和思維。「人」是透過無數「小故事」不斷「思考」進化的存在。

　　因此，我們閱讀、思考、再閱讀、持續思考，如此這般地幫助自己成長與進化。

　　這就是為什麼我們需要閱讀經典作品，因為每一篇經典故事裡，都充滿與個人、社會乃至於世界連結的根本和啟發。

　　我將在書中介紹 12 本書和 1 部動畫，全都是我編織自己的故事時感到非常受用的書籍。儘管有許多經典名著，但其中我只挑選經過驗證，在現實生活中可以立即應用的作品。

　　文中介紹的圖書與故事，都是我帶領和參與的閱讀團體、讀書會，以及在諮商中聽到的真實故事。比如在公司大廳遇到罹患失智症而在此徘徊的退休前輩；有人某天在辦公室突然不經意流下淚或大聲尖叫；還有因為公司高層想安插親信進來當空降主管，無緣無故排擠、討厭某人，導致此人晉升失敗；或是儘管遭到主管刁難、逼退，已吃盡苦頭、處處忍讓，最後還是收到人資半脅迫的勸退，無奈接受自願提前優退……

　　即便處在如此艱難的狀態下，也有人在閱讀這本書之後，找到如何重新振作，積極面對挑戰的動力。如果閱讀本書時，你也深深感到共鳴，原因是這裡介紹的故事既是我們周圍人群鮮活的經歷之一，同時也是你的故事。無論如何，我衷心希望書中故事能有助於你編織自己的人生故事。

　　最後，我由衷感謝摯愛的妻子仔細閱讀、校對書稿，並且謝謝我們的寶貝蘇彬、海彬、燦彬，他們是三個聰明可愛的孩子。

1
變成蟲的上班族，怎樣逃出工作地獄

讀卡夫卡的《變形記》

以及明天預定的工作。他對自己在半夢半醒間仍能思考這些事而感到自豪。

「我之所以這樣，是因為最近公司事情實在太多了。在這種情況下，上下班通勤三小時十分鐘，簡直就是地獄。我要爭分奪秒地追趕社區公車、換乘地鐵，這讓我喘不過氣。還沒到公司，身心就疲憊不堪，真的太累了。」

是啊，是時候這樣做了吧。已經七年了！

面對不斷上漲的房價，崔代理夫妻早就放棄成為首爾蛋黃區居民的念頭。他們決定前往新的城市置產，以後再搬回首爾。他們每個月會存點錢，向雙方父母請求諒解，暫時不給孝親費，每個週末一看到好的出售物件就立刻去看房。此外，為了安慰擔心增加通勤時間的妻子，他事先自信滿滿地承諾，自己會成為晨型人，充分利用通勤時間提升自我。但那都是過去的事了。

面對崔代理的辯解，妻子依然很生氣。她顫抖著摀住臉，一屁股坐下的同時，把手上的鍋鏟扔到地上。

「你每次都說我錯了，今天甚至對我大吼大叫，說我瘋了。我到底做錯什麼？每天早上要承受這些？」

妻子傷心地哭了。崔代理明白這種情況下萬萬不能爆發，但他腦袋好像真的壞了，情緒瞬間爆發。

「知道了，我說我知道了，不要再哭了！」

　　這下子為時已晚。崔代理想著：「啊，我應該再忍一下。要是我能早點起床就好。我不應該說最後那句話。我又不渴望大富大貴的人生，為什麼要吃這種苦頭？萬一遲到怎麼辦？」離譜的是，他在這種情況仍然擔心遲到。他突然想起職場前輩們告誡過：絕對不要做出會留下紀錄的事。雖然，公司考核會根據具體情況有所不同，但是留在系統中的出勤狀況如缺勤和遲到等，則難以避免。崔代理希望自己的肉體去公司上班，靈魂留在家裡安慰妻子。他試圖解釋自己在這種情況下仍惦記工作，說到底都是為了家人。

　　他匆忙做好準備並走出臥室，聞到客廳瀰漫著妻子精心準備的大醬湯香味。他低聲道歉後開始奔跑。假如錯過七點二十八分出發的地鐵，一定會遲到。「社區公車一定要準時。」每次奔跑時他都有這種感覺：肌肉量不足、脂肪量過高。他突然想起之前購買的健身房會員券。原本去的健身房已經倒閉，手上還剩下一半的會員券。他曾撥打一間新開幕健身房傳單上的電話，當時對方熱情地說：「先生，你先過來看看。」而那已經是兩個月前的事，到現在他也還沒去過。

　　他閉著眼睛也知道怎麼走到地鐵站，不用擔心，只需要專心奔跑就行。他就像多足昆蟲般跑得穩健。為了儘快抵達，哪怕上了手扶梯，照跑不誤。他不是唯一的田徑賽跑者，每個人都在奔跑。咚咚的跑步聲彷彿是建築工地裡打地樁聲般響亮。

手扶梯的故障率高，不是沒有原因的。「請不要奔跑」的告示牌如同稻草人般，形同虛設。

事情總是如此。當崔代理看到剪票口，常是列車進站時。而拯救他的列車冷漠無情。電子螢幕顯示列車剛剛進站，如果全力衝刺或許能勉強上車。但經過剪票口時，他必定會因刷卡而停頓一拍，等到嗶聲響起，一秒後剪票口才會放行。到時再次衝向階梯，腳啊，請救救我吧！還沒睡醒的肌肉連左右腳都搞不清楚，大腿很快地顫抖起來，膝蓋有些發冷。提示廣播響起「請注意，車門即將關閉，安全門即將關閉。」千鈞一髮之際他成功擠上車。而當他成為車上的一員後，廣播傳來提醒「乘車人流過多，硬擠相當危險」的聲音，聽起來分外清晰。

地獄地鐵的風景

成功上車的喜悅是短暫的。周圍人目光如炬，用眼神罵人的威力與言語罵人一樣有力。雖然崔代理假裝不知道，但被他擠到後方的大叔粗魯地抖動肩膀。

「真是夠了，不要再擠了！」大叔後方的老奶奶高聲喊著。

「你以為我想擠啊？因為剛才有人硬擠進來，我才會擠你

啊！」崔代理儘可能地裝沒聽到。我聽不到，我必須聽不到。

　　下一站的門開了。他隨著下車的人群自然而然地被推著下車，再上車。但再次上車並不容易。等待上車的人們排成一長串，崔代理焦急排隊，一步步前進，輪到他時，一個迅速轉身、試圖用臀部擠上車。一開始輕輕地，沒用，再推一下。終於看見一絲希望。當他好不容易擠進整個身體，車門開始緩慢關閉。他低下頭，擔心包包被夾住，直到看見門順利關上。背包安全存活，太好了。

　　咦？低下的頭抬不起來了，因為車門夾住他的頭髮。地鐵喀嘟喀嘟地行駛，即使沒有抓住扶手，他的身體照樣穩如泰山。因為他不僅卡在人群中，他那被車門夾住的頭髮也夠多了。他若無其事地凝視包包。到站開門，他的頭終於解脫。雖然掉了幾根頭髮，不過能夠抬頭是如此地神清氣爽。他試著向後仰，左右轉動脖子。幸運的是，毫無大礙。

　　韓國和地獄的淵源似乎異常深厚。首先，韓國的綽號是「地獄朝鮮」，我們這些地獄朝鮮人又把地鐵稱為「地獄地鐵」。在令人窒息的地獄地鐵中，崔代理想起今早那場小型家庭戰爭。

　　他陷入沉思。好不容易擠上的地鐵，現在要將我帶往何方？身旁這麼多人又朝哪裡奔跑？如果有人看見我扔下淚流滿面的妻子，瘋狂趕著上班，會不會問我：「為了什麼如此拚命

奔跑？」崔代理把自己埋入地鐵車廂的一角，從包裡拿出昨天買的《變形記》。

比蟲子 DNA 更強的上班族 DNA

　　主角格里高爾總是向右側睡，崔代理也是。因為側睡，每次醒來都感到右肩僵硬。崔代理的左手下意識地搓揉右肩。但如今這樣的按摩已經無法解決問題。因為格里高爾已經變成真正的蜣螂，一夜之間擁有堅若坦克的圓形盔甲。

> 「我為什麼要選擇這麼困難的事！說什麼每天都像一場旅程……我擔心趕不上換乘火車，不規律且品質不佳的飲食，周圍的人來來去去、無法長久維持也無法產生情分的人際關係等。真希望惡魔出現，消滅這一切！」

　　儘管變成蟲子，格里高爾身上還留有上班族的 DNA。他無法抑制對公司與工作的憤怒。職場生活有多糟，以致他變成蟲子還在痛罵公司？他斬釘截鐵地說：「上班族之所以變蠢，都是因為睡眠不足。」

「太早起床會使人變蠢。是人就需要充足的睡眠。」

崔代理舉雙手雙腳贊同，他滿足地笑了出來。

不過，格里高爾很快忘記了一切，準備出門上班。他似乎還沒意識到自己變成蟲子。一想到火車出發時間與老闆的嚴厲斥責，他就感到絕望。因為遲到已無法避免。他想找個合理的藉口，最後腦海中浮現一個老套說詞：「如果說我不舒服呢？」但不到一秒，他就放棄了。因為他工作的這五年裡健壯如牛。

崔代理很傷心。就連變成蟲子都還在擔心遲到和被老闆罵的上班族。他意識到自己就是書中形容的那種上班族時，感到非常沮喪。上班族究竟是什麼樣的存在？我會變成什麼模樣？崔代理瞥了一眼自己的四肢。

格里高爾察覺到現在的情況並不是夢。因為每當他開口講話，都伴隨著劇烈疼痛與吱吱蟲鳴聲。他不用狠狠賞自己一耳光，也痛得足以證明這並非夢境。然而，人變成蟲這合理嗎？

主管也要變成蟲才對吧

「哪怕天塌下來，我也必須在七點十五分前離開這該死的床。如果我沒到班，公司就會有人來問我發生什麼

事？因為公司在七點之前就該開門。」

　　格里高爾的預測成真。公司派人來到他家，而且還是經理親自大駕光臨。真是個糟糕的陋習，就連稍微遲到都要受到嚴厲指責，到底為什麼格里高爾注定要在這種公司工作？

　　在這種情況下，格里高爾卻冒出荒謬的想法：「經理會不會有一天經歷和我一樣的事？」「經理認為生意人應該時時刻刻記掛著生意，哪怕身體不適也應該忍耐。抱持這種想法的他會不會有一天早上也變成蟲子呢？」

　　崔代理立刻想起組長的臉。組長是公司出了名的「微觀管理者」（micromanager）。所謂微觀管理者是指每件事都過分干涉的管理者。一想像身為微觀管理者的組長變成蟲子，他感到有些痛快。微觀管理者鉅細靡遺，事事干涉的工作態度，使得與其共事的組員們感覺自己是無法獨立作業的無能者。他們不得不時時觀察組長的臉色，特別是發生了像遲到這樣的「重大事故」，當天就要做好準備應對焦慮的情緒。

　　「我們也承認最近這陣子業績不好，但在這種時候卻堅持『根本不存在業績不好的季節，甚至不應該存在』的管理者，會不會某一天也像我一樣變成蟲子？」

　　對於格里高爾這個問題，卡夫卡寫下「必須承認有可能」。

　　這時，崔代理對作者產生興趣。卡夫卡生於奧匈帝國波西米亞的布拉格。波西米亞地區是多民族與多語言混雜地區，歷史上一直衝突頻繁，多次遭受入侵與戰爭。在這裡，卡夫卡是以講德語的猶太人身分長大。在不穩定的政局下，擁有不同語言與民族身分的卡夫卡很難建立身分認同感。

　　這樣的成長背景，使得卡夫卡不斷地思索「我是誰」這個問題。卡夫卡曾受過律師職業培訓，並受雇於一家保險公司，他將這個沉重的問題藏在心底。不過，日復一日如機器般過著追逐金錢的上班族生活，促使他更加深入地思考關於人類、生命的意義。

　　我現在為什麼在這裡？現在活著，有什麼特別的理由嗎？若是沒有，我與蟲子有何不同？只因為我是人類？那麼我是否過著像人類一樣的生活？像人類一樣的生活又是什麼？

　　人類和其他生物一樣，沒有必須存在的明確理由。我們和蟲子也沒有什麼不同，我們的存在毫無理由。儘管如此，人類依然想要生存，並希望以不同其他生物的方式活著。因此，人類總是尋找正確、美好、美麗的生活。沒有人想要不正確、不美好、不美麗的生活。我們互相鼓勵與教育彼此，不應該過那樣的日子。但事實上，人類追求的真善美並不存在。這可能只是人類為了維繫社會體系的運作而捏造的騙局。我們毫無理由

地出生，夢想著真善美，最終走向死亡。人類存在本身就是虛無、荒誕的；而且，充滿不安。

但不管怎樣，把人變成蟲子是不是太過分了？芸芸眾生中，為什麼偏偏是蟲子？格里高爾為了家人勤勉樸實地生活，為何作者要將他變成蟲子？生來就適合當上班族的格里高爾，即使有了甲蟲的殼與腿依然擔心遲到，為什麼他不能再變回人類呢？崔代理感覺卡夫卡也把自己視為蟲子。這讓他很不痛快。

不過，卡夫卡並不是唯一一個將人類比喻成蟲子的人，歌德也在《浮士德》（Faust）中如此定義人類：

「我不似諸神！更近似蟲。非得讀過數千本書才能明白，人類無論身處何處都要經歷痛苦，偶爾才有幸運的人存在嗎？」

崔代理平復了激動的情緒，開始思考「蟲子」。他所知道最糟糕的蟲子是蟑螂。這是因為他的妻子，只要一聽到蟑螂就要昏倒，恐怕很多人都差不多。因為蟑螂是人類公認的可怕生物之一，然而，蟑螂真的是最糟糕的蟲子嗎？可怕到應該被消滅？這不就是極度以人為本的思考方式嗎？僅僅因為人類不喜歡蟑螂，蟑螂就成了最糟糕的生物。如果蟑螂知道這種狀況，會怎麼說？會不會馬上提問：「你算什麼？人類算什麼？人類

和我有什麼不同？」

人類和蟲子有什麼分別？

　　現在輪到我們回答了。我們有什麼權利如此殘忍屠殺蟑螂？人類和蟲子有何不同？

　　因為人類擁有聰明的頭腦？這不是值得在蟑螂面前吹噓的事。我們至今還無法消滅蟑螂，至少在生存時間上，蟑螂比人類更勝一籌，不是嗎？那是因為人類會使用語言嗎？蟑螂也可以透過化學物質費洛蒙及觸角進行一定程度的交流。因為人類構成社會，並過著民主的生活？比利時布魯塞爾自由大學（Free University of Brussels-VUB）喬瑟・哈洛伊（Jose Halloy）博士及其團隊曾於《美國國家科學院院刊》（*The Proceedings of the National Academy of Sciences, PANS*）發表研究成果指出：蟑螂具有社交行為，透過合作與競爭以求生存。因為人類知用火嗎？蟑螂不需要火就能生存。就頑強的生命力而言，蟑螂是地球最強生物，經過三億五千萬年以上的演化，存活至今。

　　說穿了，人們能殺死蟑螂只有一個原因：我們比蟑螂強大。讓我們把這個邏輯原封不動地應用到日常生活中，這是個強者殺死弱者也不構成問題的世界。這樣的世界無異於地獄。

　　崔代理再次思索卡夫卡的問題本質——人類為何存在？卡夫卡想像當人類變成蟲子時會發生什麼事。如果事情這樣發展下去，我們難道不該認真思考生而為人究竟意味著什麼？

生而為人的終極探問

　　當我們說「什麼變成什麼」時，這種判斷僅僅基於肉眼可見的外表嗎？假使我們把自行車改造成汽車，但它不能像汽車那樣行駛，那還能說它是汽車嗎？假使將桌子改造成椅子，但沒人坐得上去，那它還能稱為椅子嗎？發明汽車的目的，是讓駕駛者能迅速到達想去的地方，發明椅子的目的則是讓人舒適地坐著。就是如此，當我們說「什麼變成什麼」時，我們會根據「它為何存在」以及「它存在的目的」判斷。

　　既然如此，人類存在的目的是什麼？蟲子存在的目的又是什麼？這個問題在小說《變形記》中至關重要。因為如果人類缺乏獨特的存在目的，即使外表變成蟲子也構不成問題。只不過從缺乏存在目的的人類皮相，變成缺乏存在目的的蟲子皮相罷了。這一結論與書中女傭言詞之間揭露的格里高爾結局密切相關。

「所以，不用擔心如何處理隔壁房間裡的那個東西。事實上，已經解決了。」

變成蟲子死去的格里高爾變成了「東西」，變成必須被某人處理掉的生物。難道他以人類面貌存在時，也是必須被別人處理的存在嗎？上班族不正是時時需要接受別人指示、被人處理的生物嗎？

崔代理一邊讀著小說、一邊自問：「人類是什麼？人類特質是由身體型態決定的嗎？還是取決於人類獨特的存在目的？假如沒有獨特的存在目的，那我們與蟲子有何不同？」上班時，為了避免遲到毫無目的地奔跑、困在「地獄地鐵」的崔代理，現在陷入焦慮與無解的問題中。雪上加霜的是，他的腦海中浮現一個更困難的問題。

要是我變成蟲子，妻子會怎麼做？

最令崔代理驚訝的是格里高爾家人的反應。格里高爾——父母心愛的兒子、家庭的經濟支柱、替妹妹付學費的善良哥哥。而當他變成蟲，全家人都不知所措。據說，人類面對如死亡等無法接受的事件時，會經歷否定、憤怒、妥協、哭泣與接

受五階段變化。格里高爾的家人也不例外。

　　起初，他們否定格里高爾變成了蟲子，然而隨著這變成不可否認的事實後，他們陷入強烈的憤怒與悲傷中。很快地，父母擔心立即的生計問題。家裡靠租金度日，他們不能將變成蟲子的兒子留在家裡。已經入住的外國房客要求退款，引起一陣軒然大波。此外，格里高爾的妹妹只希望那個善良、令人感激的哥哥留在記憶中。她正值花樣年華，有很多想做的事、想去的地方。對她來說，變成蟲子的格里高爾不再是哥哥，只是一隻蟲，對他應該像對待蟲子一樣。格里高爾的家人就這樣妥協，陷入憂鬱，但也意識到他們有義務接受這個事實。

　　最終，格里高爾以蟲子的模樣死去。他如女傭所說，變成一個「東西」，被處理掉了。格里高爾的家人走出悲傷，接受格里高爾的死亡，為了重新出發，踏上旅程。

　　看著格里高爾的故事，崔代理好奇想著：「要是我變成蟲子，妻子會怎麼做？反之，要是妻子變成蟲子，我又會怎麼做？更甚者，要是可愛的兒子變成蟲子，我們夫妻會怎麼做呢？」這些問題不容易回答。崔代理深思後，發現格里高爾家人的作法不足為奇。也許多數人都會做出類似決定。

　　人類變成蟲子不過是文學上的想像，沒必要過於認真。但是，崔代理透過這個問題，對自己、妻子與家庭意義進行了前所未有的思考，努力尋找答案。這些問題在他本就不甚明確的

自我意識與價值觀中，造成破口。無法給出明確答案的他，對此心生不耐。

　　喧鬧的上午過去了。吃完午飯回公司的路上，崔代理抬頭看見美麗的藍天，恍然大悟──我、妻子和兒子都還沒有變成蟲子，一家人身體健康並且彼此相愛。他打電話給妻子，問候她現在的心情如何，針對早上的事道歉。雖然有些害羞，他向妻子表達了內心的深情，說出「我愛你」。

　　「我是誰」這個問題真的有正確答案嗎？事實上，無論有沒有正確答案，崔代理想在自己變成蟲子前，更加珍惜和愛護與他生活的家人。在閱讀《變形記》產生的焦慮與疑惑中，他奇蹟似地找回人生的方向。

2

上班受監視，如何擺脫那些足以殺死人的目光

讀沙特的《密室》

太在意「他人的目光」，我要怎麼做自己？

當一個男人和兩個女人被困在一個他們永遠無法離開的房間時，會發生什麼事？假如某天，那扇緊閉的門突然悄悄打開，又會發生什麼事？

沙特在他的戲劇《密室》中設定了這樣的情境，並留下「他人即地獄」的經典名言。戲劇中，困在封閉房間裡的三人都是普通人。他們真正面臨的問題不在於「封閉的房間」，而在於他們總是在意「他人的目光」。

我們與他們沒有什麼不同，卻老是受困於他人的目光，在意上司、同事和周圍人的看法，渴望得到他們的認同。但這往往不容易。為什麼？因為上司、同事和周圍人太挑剔嗎？還是因為我們自身過於貪婪？

難道不是因為我們將本應自己作出的決定，交給他人的目光嗎？

「這都是為了公司和員工！」

　　老闆為了防盜、保全和安全考量，安裝幾十個監視器後說：「這都是為了公司和員工！」老闆的信心和嗓門愈大，員工們的質疑和失望就愈大。「把人當傻瓜嗎？」不，老闆並不是把員工當成傻瓜。監視器不是拿來欣賞傻瓜的遊樂設施，老闆已經大言不慚地表明自己的目的。防！止！竊！盜！老闆將員工當成小偷。

　　韓國公民組織職場霸凌119透露，截至2020年6月底收到的檢舉電郵中，與監視器監看、不當行為相關的有181件（11.4%）。這個數字是從能確認身分的1588起檢舉中篩選而來。考量到有些人即使受到冤枉，也會因為害怕蒙受損失而不敢透露自己的姓名，實際上被監視器監看的員工數預計更多。

　　最近監視器不僅價格便宜、影像畫質好，高層管理者的智慧型手機還可以即時同步監看。只要願意，隨時可以輕鬆監視員工的時代已經到來。某天，老闆看見身體不舒服而趴在辦公桌的員工，怒氣沖沖地說：「你這傢伙，還在睡覺！我就知道這樣，之前因為沒有證據，我才忍到現在。」

　　根據韓國現行的《個人資料保護法》，透過監視器監視員工是違法的。即使安裝監視器的目的是預防犯罪、火災，但如果用於其他目的，可以判處三年以下的有期徒刑等處罰。

　　此外，出於其他目的在工作場所安裝監視器需要獲得員工同意。在這種情況下，問題經常出在：是否以適當的方式取得員工「同意」，但到底哪個員工會說「我不同意」呢？那有可能成為他在公司最後一次發言。

　　今年年初，老闆夫人成為管理部門部長，她上任時鏗鏘有力地說：「建立工作紀律！」她的主要工作是負責考勤，而管理工具就是監視器。今天下午她發了一個訊息。「金科長，你一天到底要上幾次廁所？要不要我幫你把辦公桌搬去廁所？」

有人在暗中觀察我

　　最近，金科長全神貫注在新專案中。儘管平日和週末都需要加班，但他沒有太大的不滿。之所以沒有不滿，是因為工作本身帶來的樂趣。新產品的生產、銷售創意接二連三地湧現。競爭對手的應對策略，以及公司的反擊在他的腦海中清晰可見。自從進到公司，他從未像現在這樣盡興地工作過，就像在玩遊戲一樣。他親身體驗心理學家米哈里·契克森米哈伊（Mihaly Csikszentmihalyi）的理論——當人們沉浸於工作時，不僅能發揮驚人的能力，而且會感受到巨大的幸福感。

　　不過令人驚訝的是，自從收到管理部部長的訊息後，他對

一切失去了興趣。原本源源不絕的創意消失了，過去的出色表現和幸福感不復存在，只剩下長時間坐在辦公桌前的責任感壓迫著他的頸部與腰部。儘管坐姿端正，但他的心靈和工作卻變得無限扭曲。工作不順，不用多說，壓力也不斷地加劇。當他偶爾起身離開座位，便不自覺地尋找監視器的死角，有時甚至像間諜電影中的主角一樣，藏身柱後。

　　每個人都需要自己的空間。一個遠離他人目光的地方，一個不需要為別人負責的地方。這代表我們需要能夠摘下名牌、脫下社會面具，純粹自我的遼闊空間。這個空間，是每個人都在追求的自由之地，在那裡，我們不需要與他人打交道。人類的原始自由就是從這裡開始。

　　「他人即地獄！」

　　在哪裡看過這句話呢？好像是金科長在一度沉迷的網路漫畫中看過，也可能是在大學時看過的某部戲劇中出現。有人不斷地暗中觀察我，這代表著我逐漸無法觀察並照顧真實的自我。他人的目光使我們把焦點放在外在形象，而非內在本質。那些無法看見自己真實面貌的人，就像盲人一樣摸索外面的世界，需要透過他人確認自己是誰，無法以真實的自我堅強地站穩腳跟。一個需要經由他人確認自己存在的地方，有什麼名稱

比「地獄」更適合？金科長認為這是一句尖銳中包含深刻哲學反思的話。

　　他在尋找參考資料時，偶然發現一本書。翻閱後，才得知這句名言的原始出處，正是沙特的《密室》。

《密室》中被困的一男二女

　　地點就在地獄。地獄使者將來客領到各自的房間，有三人則被帶往「密室」。他們是一男二女，男人的名字是加爾辛，女人的名字是伊內茲和愛絲黛兒。要了解他們是怎樣的人不需要太長時間，只需觀察他們的慾望即可。

　　女人伊內茲喜歡女人，也就是說，她渴望同性之愛，而不是異性之愛。因此，她試圖用甜言蜜語贏得共處一室的愛絲黛兒芳心。但最終未能如願。當加爾辛與愛絲黛兒互生情愫時，伊內茲開始在兩人之間巧妙地製造障礙。她認為三人困於狹小的密室是事先安排好的，似乎明白了地獄管理者為何這麼做。

　　愛絲黛兒生前將剛出生的女兒淹死在湖中，她的丈夫因此受到打擊，自殺身亡。事實上，除了丈夫之外，愛絲黛兒另有一個深愛的男人。當她看見自己的情人與別的女人共舞並親密交談時，嫉妒的火焰吞噬了她。嫉妒之火比地獄還要炙熱。在

地獄中，愛絲黛兒絕望地猜想，她的情人一定把她丈夫自殺、還有自己殺害女兒的事，告訴了那個女人。絕望的愛絲黛兒試圖藉由加爾辛的愛得到慰藉。這就是為何她著迷於加爾辛的肉體，希望透過成為他人肉體慾望的對象，獲得救贖。她認為伊內茲總是阻撓她的愛情，因此多次用拆信刀刺向伊內茲。對此，伊內茲嘲笑她：

「你在做什麼？你瘋了嗎？你明知我已死去。」

　　加爾辛生前是高談反戰的新聞記者。即使戰爭爆發，他仍持續進行反戰運動，最終被行刑處決。然而，在槍決前的關鍵審判中，他依然逃避作證。在地獄裡，加爾辛渴望得到認可，證明自己並不是懦夫。他不斷聲稱自己不後悔過去所做的一切，然而，這反而印證他對自己那時逃避作證，悔不當初。

　　加爾辛相信，只要有一個靈魂真心相信他是勇敢且無辜的，就能得到救贖。他需要的是能證明他的勇氣和清白的人，而不是一個帶著原諒與愛他這種懦夫的人。即使死後，加爾辛仍然執著在他人面前維護自我道德評價，渴望找到無條件相信他的人，因此，他懇求愛絲黛兒相信他。但是，愛絲黛兒一心想透過肉體感受確認自我的存在價值，最終拒絕了他。到頭來，加爾辛試圖用密室裡看起來最堅硬的青銅像，打破緊閉的

地獄之門。然而，本來怎麼也打不開的門，卻在這時輕易地開啟。看著打開的大門，結果誰也沒有離開，最後，加爾辛說：

「好，讓我們繼續吧。」

我們都渴望得到他人的認可

金科長在閱讀《密室》時，認為這是個無解的困境。即使身處地獄，這些人依舊無法放棄愛、性慾與恢復道德名譽。他們渴望性愛合一帶來的愉悅以及道德上的認可，都有一個共同點：一個人解決不了的事，需要他人參與。不過，這裡所說的「他人」並非指真正的他人，而是以「奴隸」姿態存在的人。真的會有人比自己更了解自己、更愛自己、更認可自己的嗎？這樣的奴隸無論在地獄還是天堂，都不存在。

還有個可悲的事實：人類有著驚人的天賦，能精準區分真正的認可與虛假的認可。我們可以本能地意識到從「奴隸」那裡聽到的讚美，事實上是謊言。奴隸的生死大權掌握在主人手中，因此他們對主人的愛與認可，不會真正打動任何人。我們比誰都清楚，只有當個體能夠進行獨立選擇時，所給予的愛和認可才具有真正的價值。因此，即使奴隸竭盡全力表達愛與尊

敬，人們也會清楚察覺到這只是他為了生存而演出的一場戲。我們渴望的是來自獨立且令人欽佩的個體所展現的愛與認可。但問題在於，那些優秀的成功人士並不會輕易被我們左右。

　　既然如此，我們的休憩之地會在哪裡？矛盾的是，它是個讓我們完全忘記自我存在的地方。換言之，那是一個沒有任何目光，包括奴隸和獨立個體，注視我的地方。一個允許「我」不存在、一個「我的可能性」依然屬於未知數的地方。那種地方就是天堂。

　　現在我們清楚得知為何「密室」是地獄了。與他人共同困在狹小的房間，「我」不可能不存在。「我」總是被他人的目光束縛，徹底暴露「我」的一舉一動。無法隱藏，無從辯解。這不是閉上眼睛就能忘卻的問題。伊內茲明確指出這一點：

　　　「忘記？真幼稚。我能感覺到你的存在，深入骨髓。就連你的沉默，也在我的耳邊迴響。你可以用釘子釘緊你的嘴或割掉你的舌頭，但你能阻止自己存在的事實嗎？你能停止思考嗎？我聽得到你的每一個想法，它就像滴答作響的鬧鐘一樣。」

　　是的。沒人能否認「我」的存在。我們藉由「他人」進而意識到「我」的存在。只要有「他人」，「我」的每句話，每

個動作都成為現實。這些現實成為塑造「我」的基礎。在此基礎上，「我」被剪裁與編輯。

遺忘對於生存必不可少，我們需要忘記某些事物才能繼續生存。唯有如此，才能以變化之名接受新事物。我們必須遺忘最重要的事就是：關於自己的定義。就像商品下方冗長的使用者評論一樣，他人對我的評價，以及我接受那些評價、妥協後得出的自我定義。倘若這些一直伴隨著我們，人們將永遠無法展現內在潛力，並永遠感受到抑鬱和不安的困擾。

人們經常將自我形象比喻成容器。比方說，假如我認為自己是裝大醬湯的砂鍋，那麼適合裝的食物就是大醬湯或清麴醬湯。一旦我將自己定義為砂鍋，我就會尋找適合的大醬湯或清麴醬湯。但問題在於，世界總在變化。更嚴重的是，這個變化的世界包含我們自己。在每天變化的世界中，我們的自我形象不斷地積累、消散，並隨著世界的變化而變化。

生活中，我們有時可能想倒入紅酒，有時可能有人在我們身上發現美味的義大利麵。但紅酒和義大利麵是絕對不會放到砂鍋裡。「我」是個專門裝大醬湯的砂鍋。無論我怎麼懇求，這世界也不會按照我的意願運轉，將我視為裝其他食物的容器。有時候，我們也需要裝杯紅酒和義大利麵，那該怎麼辦呢？很簡單，只需把自己定義為一支漂亮的紅酒杯或義大利麵碗即可。問題出在將自己定義為砂鍋的想法。除去束縛自我的

這種思維，世界上便沒有任何東西能限制和約束我們。真正的自由在於思維的彈性。

從某種意義上來說，自我形象類似於感應燈（sensor lamp）。感應燈會根據周圍環境改變光線顏色、亮度、大小和方向。當有東西靠近，感應燈才會亮起。當感應燈發生變化，我們不僅要觀察感應燈，還要觀察周圍環境。自我就是在這種情境中創造出來的。一旦脫離那種情境，就會變成適應新情境的模樣。人們之所以會因變化感到痛苦，是因為我們僅將自己定義為一個砂鍋。

每個人都渴望得到他人的認可，這沒有什麼不對。人類是社會性動物，而這是社會性動物的天性。當我們將天性視為是惡劣的，將很難在這個世界上生存。問題在於受他人目光所束縛，為了滿足他人而做出一切的努力，才是痛苦根源。假如我們像傀儡一樣被他人操控，就很難擺脫內心的痛苦。

金科長現在如何是好？

> 「現在這些吞噬我的目光，就是地獄。他人即地獄。」

金科長將《密室》放回桌上。他仍然身處在安裝了監視器

的辦公室，他小心翼翼地朗讀加爾辛的臺詞。一想到自己正如加爾辛，困在像管理部部長那樣的密室中，他就感到一陣寒意。「那麼辦公室就是地獄嗎？我是不是該大聲抗議上司的監視，憤怒地遞交辭呈呢？」不，那只是虛張聲勢。那樣做能解決什麼問題呢？金科長感到沮喪。他看不見出口，這裡是名符其實的「密室」。

他突然萌生念頭，「為什麼加爾辛最後沒有離開密室？」他看著敞開的門，沉思良久。也許加爾辛是這麼想的。

「其他房間也許結構相似，人數相近，都是可悲之人。既然如此，我能保證新進入的房間裡會有人認可我嗎？機率微乎其微。但是，我至少了解現在房間裡的兩個女人。雖然，我還沒獲得只會賣弄風情的愛絲黛兒認可，但還有伊內茲在，不是嗎？她與我是同類，說服她的機率大得多，我還是在這裡重新開始的好。」

金科長打從心底憐憫加爾辛。因為伊內茲不可能真心認可他。她只是渴望透過愛絲黛兒得到救贖。即使伊內茲與加爾辛建立深入的關係，也只是為了刺激愛絲黛兒，不會如加爾辛希望的那樣，承認他的勇敢與清白。伊內茲就像加爾辛，只在乎自我救贖，不在乎其他事物。

金科長再次陷入沉思，「我是否成為監視某人的監視器？我是否也曾為了獲得公司認可做出虛偽的言行？我是否像加爾

辛一樣，生活在必須抉擇愛絲黛兒還是伊內茲的壓力下？當一方不理睬我時，我是否也假裝若無其事轉而依附另一方，嘗試重新開始？當一切不奏效時，我考慮過辭職，但我最終不是也像加爾辛一樣，重新壓抑，說服自己再試一次？」

　　他得出這樣的結論：「密室象徵著我的偏見與恐懼。我應該不帶偏見地看待同事，避免我的目光成為他們的密室。此外，我要記住，同事和上司都是各自人生的主角，並非捲入認可戰爭中的配角。我希望別人怎麼對待我，我就應該如何對待別人。這才是正確、公平的。」現在，金科長似乎明白為什麼這種行為原則被奉為圭臬。

　　他將注意力轉向自身。也許自己正扮演著雙重角色，一個是「監視者」，另一個是「被監視者」。當然，這不全是金科長的錯。在這個社會，每個人都活在他人的目光中。他想將如衛生紙般被遺棄在各處的自己，重新連結成完整的個體。金科長認為最好的方法是開始做一些「有趣並有意義的事」。

　　「原本以為緊閉的門其實是敞開的，我自以為它是緊閉的，從未嘗試打開。」金科長決定走出去。現在他明白一個屬於自己、能遮蔽他人目光的私人空間意味著什麼。因此，他決定替自己創造專屬避風港。他沒必要搬到兩房的大房子，也不必和相處融洽的室友分道揚鑣。現在有許多裝飾得美輪美奐的獨棟住宅，採取小時計費制，如共享書房、共享客廳和共享廚

房等。他打算每週花一天時間在那樣的地方，獨自閱讀、享受音樂、為自己做頓料理。金科長嘗試擺脫他人目光，以及過去與未來自己的目光。他推開門，走出了密室。

　　另外，他沒有忘記最重要的事，回覆之前收到來自管理部部長的訊息。

　　「違背監視器原始安裝目的是違法的，您事先徵得員工同意了嗎？」

3

人生中值得我守護的，只剩下升職加薪？

讀沙林傑的《麥田捕手》

什麼是我真心想要守護的東西？

　　這已經是第四次退學。小說《麥田捕手》的主角霍爾頓的退學通知書，正寄往他父母家的路上。霍爾頓被學校屢次開除的理由是「不明原因憂鬱」。

　　這裡還有個飽受無緣無故憂鬱之苦的人，就是在公司工作 15 年的上班族，李次長。因為某名空降主管，他屢屢錯失升職機會。

　　人們會受不明原因的憂鬱折磨，大多數的人會自我開導，試圖度過沮喪的時刻，諸如「人有時候總是會感到悲傷」、「為了謀生就必須忍耐」、「是我太敏感了嗎」等。然而，刻意輕描淡寫的憂鬱並不會消失，而是在內心悄悄地積累，伺機摧毀你。

　　讓我們跟著李次長一起思考，你的憂鬱從何而來？又因屈服於眼前現實而失去哪些珍貴的東西？

同感憂鬱的共鳴

　　李‧哈維‧奧斯華（Lee Harvey Oswald）槍殺了美國總統約翰‧甘迺迪；馬克‧大衛‧查普曼（Mark David Chapman）槍殺了前披頭四成員約翰‧藍儂；小約翰‧欣克利（John Warnock Hinckley, Jr.）射殺雷根總統未遂。根據媒體報導透露，他們三人都喜歡閱讀《麥田捕手》，尤其是馬克‧大衛‧查普曼射殺約翰‧藍儂後，直到被逮捕時都還在犯罪現場閱讀《麥田捕手》，甚至在記者面前高聲宣稱，每個人都應該讀這本書。

　　李次長也很喜歡《麥田捕手》。儘管這本成長型小說似乎更適合青少年，但四十多歲的他卻讀了好幾遍。當然，這不代表李次長計畫槍殺某位名人。他無意殺死他的上司，然而，他不否認自己偶爾會有那種念頭。李次長認為，人時時刻刻在成長，而成長一詞使人更具人性。也許正因如此，他自認幸運，能在年齡稍長時才閱讀這本生命中最棒的小說。

　　他迷上《麥田捕手》的原因之一是：不明原因的「憂鬱」。這本小說的主角霍爾頓時常感到孤獨和憂鬱，李次長對他有種奇妙的共鳴。霍爾頓有時會因無關緊要的事而突然感到憂鬱，比方說，他看到兩名修女吃著早餐——吐司配咖啡，就感到憂鬱；看到匆忙趕著看電影的人會憂鬱；即使聽到「祝你好運」的話也會憂鬱。

　　李次長今年 44 歲，比霍爾頓大了整整 27 歲，但最近他也不時感到憂鬱。書中的霍爾頓說金錢總是讓人感到鬱悶，吶喊著「去你的金錢！」這讓李次長感到情緒釋放，不知不覺地仿效了這段情節喊出：「去你的績效考核！」

　　競爭最後總是將人變成失敗者。李次長感到憂鬱的原因之一是，連續幾次都在晉升部長的競爭中落敗。此外，最近比他晚進公司的職場後輩竟先被提拔為部長。根據公司熟知內情人士透露，這是由於某位高階主管連續三年把李次長的績效考核打了最低分。這名主管甚至私下放話給李次長：「有我在的一天，你休想升部長。」

　　在最終決定晉升的常務理事會議上，該名主管針對李次長的工作能力與性格給了致命一擊。他感到自己 15 年的職場生涯徹底崩塌，內心充滿委屈和虛無，心底迴盪著送葬進行曲，最終陷入嚴重的憂鬱中。就像那些喜愛《麥田捕手》的殺人犯一樣，不久前，他甚至夢見自己槍殺了那名主管。無論如何，這不是太過分的夢吧。主管無緣無故討厭我，我能怎麼辦？歸根結柢，討厭我的這種行為，罪不至死，不是嗎？李次長覺得自己正逐漸走向瘋狂，這讓他感到不安。最終，他預約了心理師，正在等待諮商門診。現在，他的腦海裡仍浮現著《麥田捕手》的書封、那些稀世殺人犯、手槍和主管的臉龐。無論他怎麼甩頭試圖擺脫這些思緒，但他的心靈已沾染憤怒和憂鬱。甩

頭時掉落的頭皮屑，只會使他已經汙濁的心靈更加骯髒。

有話直說的憂鬱少年

　　《麥田捕手》是沙林傑創作的自傳體小說。從小說內容看來，作者的校園生活應該頗為艱難。小說中的主角霍爾頓第四次被退學，退學通知書正寄往他父母家。那是聖誕節前夕，在聖誕節來臨之際，得知兒子第四次被退學的消息，霍爾頓的父母一定會感到震驚。他們會一如既往地責備霍爾頓，他的父親甚至可能在即將慶祝誕生的聖嬰耶穌像面前，祈求寬恕。一想到家裡令人窒息的氣氛，霍爾頓想在回家前享受片刻自由。這本小說講述了霍爾頓離開學校宿舍遊蕩在外一天兩夜的故事。

　　李次長暫時忘記霍爾頓面臨的艱難未來，不由自主地笑了起來。惹他失笑的是霍爾頓談論老師們習性的那段文字。在他看來，霍爾頓列舉老師們的習性，幾乎和公司主管們一模一樣。例如：

　　「老師經常認為自己是對的。」

　　「就算第一次已經得到認可，老師也會重複同樣的話兩次。」

「老師老是習慣打斷別人的話。」

很少有人像公司主管那樣對自己的話充滿自信，有時重複同樣的話高達 20 次。而打斷別人的話，長篇大論抒發己見，更是他們最喜愛的溝通技巧。

從霍爾頓描述老師們的習性看出，霍爾頓的犀利與幽默，可以揭露現實中的虛偽與偽善。小說中不難發現霍爾頓其他犀利的發言。比如，他看見學校廣告宣稱這是培育年輕優秀菁英的地方時說：

「我擦亮了我的雙眼，但怎麼看都看不見所謂的年輕優秀菁英。好吧，或許有一、兩個，但在他們進入這所學校前，他們就已經出類拔萃。」

霍爾頓對經濟不平等的描述如下：

「假如你的背包比你室友的高級許多，你們會很難和平相處。」

李次長對這一點深有同感。在同個辦公室做相同的工作卻領著不同的薪水，又怎能有和睦的職場關係呢？想到這裡，他

的心情如鉛塊般沉重。

再看看霍爾頓針對老師所說「人生就像一場球賽，必須遵守比賽規則」的回應：

> 「比賽？得了吧，這算哪門子的比賽。假使我被歸入實力雄厚的隊伍當中，我能認同那是一場比賽。但假如我被納進另一隊不怎樣的群體當中，換言之，我和一群遜咖在一起，我要與他們比賽什麼？根本談不上什麼球賽。」

和一個不太熟悉的人分別後，霍爾頓表示：

> 「這真的太瘋狂了。我遇到了我一點都不高興見到的人，卻得說『很高興見到你』這種客套話。但若想在這個世界生存，就必須說這些話。」

像霍爾頓這樣聰明並了解現實的學生，為什麼無緣無故地感到憂鬱呢？他的憂鬱有時嚴重到想要結束自己的生命。這種悲慘的話，不應該出自正值青春年少的 16 歲年輕人之口。但誰知道呢？說不定這些話是渴望過上更美好生活的人，真誠的告白。

霍爾頓憂鬱的原因

既然如此，霍爾頓為何老是鬱鬱寡歡？儘管李次長讀了五遍，現在是第六遍，但他仍舊無法輕易回答這個問題。每次閱讀時，他都難以準確指出霍爾頓何以憂鬱。但這次，他下定決心探究霍爾頓憂鬱的原因，他認為這說不定有助解開自己的憂鬱之謎。

「是什麼深埋在霍爾頓心底造成他的憂鬱？」李次長抱持這樣的疑問，仔細閱讀小說。終於，他發現深藏霍爾頓內心深處的傷痛——霍爾頓弟弟艾里的死。艾里在 1946 年 7 月 18 日死於白血病。根據霍爾頓所說，雖然艾里小他兩歲卻比他聰明 50 倍。艾里會在棒球手套上寫詩，在比賽空檔時讀詩。老師對艾里讚不絕口，他是個心地善良又開朗，而且帶給家人和鄰居快樂的孩子，是個真正熱愛生命的孩子。

可是，如此像天使般的弟弟卻罹患惡名昭彰的白血病，年僅 11 歲就離世。艾里去世的那天，霍爾頓用拳頭砸碎了汽車的玻璃窗。他的手被鮮血染紅，傷勢過重以至於再也無法握緊拳頭。那天的情況相當嚴重，父母擔心他，考慮為他安排心理治療。霍爾頓無法接受弟弟的死亡，他的悲傷、憤怒和怨恨交織在一起。真心熱愛生命的弟弟卻因殘忍的白血病死去。要霍爾頓理解並順其自然接受這個事實，並不容易。尤其是當

時他只有 13 歲。

　　李次長仔細推敲霍爾頓的心理。從霍爾頓的角度來看，事情明顯出了錯。這是某個人犯下的嚴重錯誤，無論那個人是上帝或佛祖。否則，怎麼會發生如此荒謬的事呢？假使這就是人生，霍爾頓今後該如何活下去？假如一個善良又美好的人也可能輕易遭遇荒謬的死亡，那他是否應不顧他人評價，按照自身意願做完想做的事再死，這樣會更好呢？

　　霍爾頓或許認為自己愚蠢，性格又扭曲。得到這種糟糕的病的人應該是自己，不該是弟弟。相較於已故弟弟的生活，他的生活顯得如此寒酸與黑暗。不僅是他自己，還有學校裡師生間的對話，那些人的興趣、嗜好和夢想全都像是垃圾一樣。在霍爾頓眼中，那些活著的人的生活和死去弟弟相比，是虛假的。虛假的生活、虛假的人生，這個世界充滿謊言。

　　活在這個世界，霍爾頓渴望像弟弟艾里那樣過著真實的生活。然而，虛假的世界和真實的艾里無法共存。要是霍爾頓堅持過真實的生活，他可能遭遇同樣的命運。看吧，人們仍然相信並享受那些不能稱為真實的事物。當真實呈現在世人眼前，他們骯髒的嘴巴會自信滿滿地說出「那不是真的。」霍爾頓對這樣的現實發出怒吼──「真是太瘋狂了！」儘管他看似痛快淋漓地說出心聲，但他那純潔的靈魂仍然在徘徊，不知所措。

　　李次長思索：「霍爾頓的憂鬱就像是對虛偽生活的反感。」

但即便是覺得反感的同時，霍爾頓仍然對死去的弟弟充滿思念。在小說結尾，深陷困境的霍爾頓向弟弟艾里祈求：

> 「艾里，別讓我消失。艾里，別讓我消失。艾里，求求你，我不想消失。」

霍爾頓竭盡全力拜託艾里幫助他守護真實的自己。對霍爾頓來說，艾里就代表了這股力量。「我的生活中是否有著守護真實的純真力量呢？就如艾里一樣。」李次長讀出霍爾頓懷抱著這個問題不斷成長。

霍爾頓認為，不曾有過純真喜悅就長大成人是絕望的。那樣的大人是虛假的存在，就像熱情高歌「盡情歡樂吧，救世主已然到來」的人們，卻在表演結束就急忙抽菸。霍爾頓相信，即使在漫長的管弦樂隊表演中只負責敲響一次的鼓，也要發出自己真誠聲音的人，才是擁有真實不滅的現實存在。霍爾頓的靈魂注視著世上最純潔的孩子們。他聽見一個孩子細微吟唱「若你注意到有人走進麥田」。那首歌中斷了日常所有的喧囂，孩子們的眼睛映照出生命的純真。霍爾頓和孩子們在一起時不會感到憂鬱，他的靈魂總算找到安息處。

在虛偽與純真生活間的搖擺不定，霍爾頓的憂鬱不正類似於站在令人眼花撩亂的十字路口時，所感受到的眩暈嗎？「我

現在可能已經忘了，但我未能作出正確的選擇，只是隨波逐流，接受虛假的生活。大家覺得好的，我就覺得好。世界本來就是這樣，大家不都是這樣生活的嗎？」李次長回想自己在職場、在軍隊，以及在目前的公司經歷過無數道德衝突的情況。他明明知道自己該走哪條路，卻表現得像個不知方向的人一樣，茫然徘徊。倘若當時有人堅定地抓住自己，該有多好。假使有人將走上歧途的他導入正途，阻止他沿著錯誤的道路直奔懸崖，現在的他會過著怎樣的生活呢？霍爾頓彷彿聽見李次長的懊悔與期望，對「你想成為怎樣的人」給予了回應：

　　「你知道我將來想當什麼嗎？我是說將來要是能讓我自由選擇的話，我時常想像，有那麼一群孩子在遼闊的麥田玩耍。成千上萬的孩子，附近沒有任何一個大人。除了我。

　　我獨自站在遙遠的懸崖邊，我的職務只有一個：當孩子們快要墜落懸崖時，迅速抓住他們。孩子們總是盡情奔跑，不在意自己身處何處，每當這種時候，我會突然出現，防止孩子們摔落。這是我一整天所做的事。

　　簡言之，我想成為麥田捕手。」

真實與純真

捕手是守護某樣東西的人。霍爾頓想要守護的，或許是孩子象徵的純真生活吧？為了防止生活的純真墜落深崖，霍爾頓獨自站在假象與現實的分界點。

對了，除了弟弟的死亡，霍爾頓還經歷另一起震撼事件──朋友詹姆斯的死亡。詹姆斯身材瘦小、體弱，在人們的記憶中，他的手腕細得就像根鉛筆，但詹姆斯是個信守承諾的人。某天，發生一起事件。一群惡棍將他鎖在房間裡，威脅並圍毆詹姆斯，但詹姆斯直到最後都沒有收回自己說過的話。最終，詹姆斯信守自己的話，跳出窗外。

霍爾頓想保護的，或許就是像詹姆斯那樣對真實生活特別敏感的，以及與艾里一樣天真無邪的孩子吧？

在高大麥稈遮蔽視線的麥田裡，孩子們很容易迷路，而天真無邪的孩子在這樣的麥田裡奔跑，不知道自己正奔向何方。原本歡樂的笑聲有可能一瞬間消失，取而代之的是迴盪於險惡懸崖中的殘酷尖叫聲。霍爾頓不想干涉孩子們在麥田裡奔跑玩耍，也不打算貿然地拉住某人的手，嚴肅教導他們應該怎麼生活。他只想靜靜地站在麥田的邊緣，成為捕手，防止任何人無意中從生活裡墜落。

李次長好像知道自己憂鬱的原因了。他意識到自己的人

生缺少了最重要的東西——對生活的熱情，還有對純真自我的渴望。他是個工作已 15 年的上班族，發現自己身上找不到這樣的東西。對於在公司這台機器中磨損殆盡的他來說，真實和純真成了羞於出口的字眼。他不好意思向任何人提起，寧可相信，這種令人肉麻的字眼從來不屬於他這種人。

可是，想要保護自己的真實與純真，正是我們不同於機器的關鍵證據；即使改變一切也絕不能妥協的人類意義；是人之所以為人恆久不變的價值。李次長意識到，他從未詢問或質疑過這些，只是不假思索地將其出賣，以換取晉升或加薪。想到這裡，他感到頭皮一陣發麻。

他意識到自己不應該因為沒有升職、不公平考核、骯髒的世界感到絕望，應該為自己正在失去的真實與純真而絕望。李次長對自己的憂鬱有了不同的看法，實際上，即使升職了，他也可能在某個時候再次陷入憂鬱，對生活感到悲觀。因為那並不是他真正想要守護的真實與純真。晉升只是手段，而非目的。回想起自己曾計算過退休前能賺多少錢，他感到羞愧，臉上微微泛紅。

李次長意識到縱使生活在相同的環境，也不是每個人都過著同樣的生活。有些人勇敢表達了他長久以來壓抑心中的想法——他們尖銳地指出公司問題，採取行動保護自己的純真。人們冷眼看待這樣的他們，認為他們過於敏感或者不懂社會的生

存之道。然而，人們心裡清楚這些人說的都是對的，他們也是經過深思熟慮才鼓起勇氣提出問題。這些人至少比李次長更接近生活的真實與純真。他臉頰發燙，為了屢屢妥協、以及因未能如願升職而感到憂鬱的自己，感到難為情。自己現在面臨的人生，似乎正是他的選擇導致的結果。

李次長靜靜地審視內心，開始覺得憂鬱的情緒是項警鐘，正在提醒他沒有以「人」的方式生活。憂鬱就像閃爍黃色的紅綠燈，提醒他減速並注意周圍情況。然而，他卻更加用力地踩下油門、加速前進。他渴望有人看見這樣的他，對他說：「李次長，沒關係的，你現在做得很好」、「李次長，你是個好人」、「李次長，你一定很辛苦吧？」突然間，他不由自主地流下淚水。

「我要到什麼時候才能停止責備自己？什麼時候才能不再怨恨那些擅自闖入我生活裡的人？我的生活也能變得像霍爾頓希望的那樣，可以保護並照護他人嗎？」李次長的願望並沒有完全消失，而是被其他巨大的慾望所掩蓋。

「一個渴望保有純真的自我，以及幫助那些同樣渴望這種人生的人。我也曾經渴望變成那樣的人……。」

李次長回憶起大學時期在聯合國難民救援組織工作的經歷。他在街頭向人們介紹組織活動，請求人們定期捐款。原本內向的他為了難民營的孩子，厚起臉皮向人募捐。一想到那些

穿著單薄夏衣承受嚴冬酷寒的孩子，他的羞澀消失了，並且有了前所未有的勇氣。儘管多數人不願意從溫暖的羽絨衣口袋裡伸出援手，所幸有少數人表示興趣與支持，李次長從中獲得成就感。那一天，他給難民營兒童寄出毛線帽和手套，想到孩子們能獲得溫暖，他感動得流下眼淚。李次長那時曾想過，自己說不定就是個麥田捕手。

池塘裡的鴨子冬天去了哪裡？

就在讀完最後一句話、準備闔上書，李次長突然對一個問題產生好奇：中央公園南邊池塘裡的鴨子冬天時會怎樣？當寒冬池塘結冰，那些鴨子會不會無助地被凍死？霍爾頓也曾多次擔心鴨群，他有充分擔心的理由。

霍爾頓喜歡永恆不變的事物。童年時參加的校外教學活動去了博物館，而他最喜歡的就是那些永遠不動、始終待在原地的展覽品。他從一個永遠捕捉著兩條魚的愛斯基摩人雕像，以及總是播放相同旋律的旋轉木馬中獲得安慰。

反之，對他來說，換掉長久以來穿的衣物、因為麻疹更換的同桌同學，都是他無法輕易接受的變化。同理，季節更迭使池塘結冰，住在池塘裡的鴨子消失了，對他來說又會是多麼大

的變化呢？就連微小的變化他都很敏感，因為每次的變化似乎都在要求他做出恰當的應對。心靈脆弱的少年——霍爾頓，在面對冬天這樣的巨大變化時，無法不擔心那些脆弱的鴨子如何度過。

其實，李次長知道答案。寒冷的冬天，鴨子會飛往南方。而鴨子飛往南方覓食是自然法則。是的，所有存在的事物都必須面對變化，霍爾頓不可能不知道。即使如此，在每個重大變化的時刻，他仍然無能為力。弟弟的去世、朋友的自殺，還有一次又一次的成績不及格與退學。在那些時刻，他觀察冬天的鴨子，試圖從中學到些什麼。

李次長突然感到一絲寒意，同時感覺心底某個角落變得溫暖。萬物都有開始與結束。我們在其中經歷各種變化。開始未必是好的，結束也未必是壞的。變化本身不是壞事，開始與結束交織在一起，構成整體，無數的變化共同塑造了現在。倘若太陽只升不落，地球將被燒毀；倘若人類只生不死，那將是另一場悲劇。當渺小如塵埃的人類愈強求世界配合自己的方式轉動，就愈會感到疲憊與憂鬱。

李次長的生活同樣有開始也有結束，還有無數的變化。他會日漸衰老，邁向生命的終點，終有一天他會離開現在的公司。如果他能為將來不可避免的變化提前做好準備，或許就能自然而然地享受生活與疲累的職場生活。

　　他決定找回自己的真實與純真，重新開始最真實與最純真時期做過的志工服務，諸如給予貧困兒童經濟援助、透過小型聚會提供定期教學服務等。儘管還沒有具體決定，但他感到內心充實，還想到能一起做這些事的某些人。儘管許久未曾聯絡，但他決定立刻聯絡對方。這將是李次長重拾真實與純真的第一步。透過這次閱讀，他感覺自己又有所成長了。

4

工作陷入重複與麻木，怎麼活出你想要的樣子

讀毛姆的《月亮與六便士》

人是應該選擇月亮，還是六便士？

　　隨著我在公司工作的年資漸長，我感到自己逐漸失去活力與色彩，面對愈來愈多事會感到無趣，對於工作的熱情也在消逝，我不再願意表達自己的情感或看法。更令人沮喪的是，這種沒有色彩的狀態不僅發生在職場，甚至出現在工作之外的生活。我甚至開始質疑自己是否原本就是這樣的人。什麼是我曾經最熱愛的東西？那些讓我心跳加速、臉頰紅熱、眼睛閃閃發亮的東西究竟去了哪裡？

　　英國作家毛姆有本小說《月亮與六便士》，當中描繪了為夢想而活的人，以及畏於現實而活的人。月亮代表夢想，六便士代表現實。小說中懷抱不同追求的人彼此無法互相理解，他們就像兩個無法共存的世界。

　　可是，夢想與現實當真無法共存嗎？我們應該追逐夢想，抑或屈從現實？難道我們就必須犧牲並放棄夢想，與現實妥協嗎？為什麼我們會自願放棄自己曾經熱愛的事物？

寫在臉上的溫順，不是發自內心

　　孫次長一直都是一個極其老實且平凡的人。無論發生什麼事，他都堅守崗位。在工作上沒出過大錯，但也沒有亮眼的表現。他忠實地遵循上司的指示，對年輕同事友善。雖然經常需要適應內外部變化，但他也都能順利完成交辦的任務。每當公司聚餐時，他永遠選同樣的食物，但如果說這是他的偏好又不太精準，反而更像是在完成「任務」。他就像是一個「標準化」的上班族，每家公司似乎都會有一位像孫次長這樣的人。

　　在家裡，他是個好丈夫和父親。晚餐後，洗碗是孫次長的工作。週末，他會主動去洗衣服和打掃，許多人會認為家事是妻子的工作，丈夫若願意在週末「幫忙」做家事，那就太完美了。但從孫次長臉上完全看不到「幫忙」的痕跡，他認為這就是他的「分內事」。對於孩子他幾乎是有求必應，只要孩子提出來，他就會盡可能去滿足他們的所有要求。因此，雖然媽媽陪伴孩子的時間比較多，但孩子還是更喜歡爸爸。

　　每當獨自一人時，他會沉浸在閱讀中。想知道他是否在家，只要看看書房就知道。如果要帶狗狗出門散步，他會在家庭群組聊天室裡留下散步路線和預計時間。孫次長的生活從表面上來看，幾乎無從挑剔，穩定的工作、美滿的家庭，周遭的人對他的評價也是一致的好評，但他自己的感受呢？

　　倦怠、厭惡、煩躁、乏味、無聊、單調……以上這些詞彙都符合孫次長對目前生活的評價──了無新意。也許他更像是家庭的背景，而不是家裡的一分子。

　　他每天搭同一條路線的電車上下班，就連遇到的乘客也都千篇一律，就算閉著眼也能往返家裡和公司，工作上也是，每天日復一日地重複做著相同的事，很安全，但毫無挑戰可言。

　　很難想像，在大學時期孫次長留著一頭長捲髮，總是戴著黑色太陽眼鏡、穿著破爛的牛仔褲、戴著耳環，還貼著紋身貼紙，是風靡全校的硬搖滾樂團主唱，甚至可以輕而易舉地唱出死腔、黑腔。

　　但現在，孫次長已成為一位毫無個性的證券交易員，每天穿著燙得整齊的西裝、不會出任何差錯的髮型、和令人安心的低沉嗓音。距離那段美好的青春歲月已經過了 11 年。他為什麼會有這麼大的轉變？這是有原因的，他在公司總會感到窒息，而這樣的表現就是他從職場生活學到的生存之道。

　　孫次長每天上班時，都會經過企業創辦人的銅像，他總是會不自覺地停下腳步，提醒自己：「希望自己不要變成如同銅像一樣冰冷。」但誰也不了他真正的想法。他已經太習慣在職場上掩飾自己真實的想法，甚至認為這是成為社會人士的必備條件。他也很難在公司裡交到真心的朋友，甚至不太想跟其他人交談，在公司裡他只說必要的話，然後閉上嘴微笑，大家也

喜歡這樣的他，甚至覺得他這樣很有禮貌、安靜而且溫柔。

　　其實，孫次長也曾經試著真誠地與同事交流，但他試過幾次之後，發現即使拿出真心，真心就像不小心掉在地上的硬幣一樣滾來滾去，這根本不是它該存在的地方。於是，他學會用沉默與微笑防禦，並不斷地自我說服「我是來賺錢的，不是來聯誼的，適當交際就好」，如今，他已經成為寡言的化身，他幾乎不分享關於自己的想法、觀點或過去，當然也沒有人知道埋藏在他內心裡的搖滾夢。

　　就算穿上了筆挺的西裝，換上了渾厚的嗓音，他還是對搖滾念念不忘，但每當內心響起「好想唱歌」又會有另一個聲音硬生生地打斷自己「那算什麼，你現在還有比唱歌更重要的事要做！上班、賺錢養家才是你現在該努力的事」。

　　這種生活還要過多久？雖然可以預期總有一天會結束，但就目前來看似乎沒有盡頭。他肩負養家活口的責任，是整個家的主要經濟來源，年邁的雙親每天往返醫院，妻子嫁給他之後就成為家庭主婦，就算孩子大了，她也沒有打算投入職場。

　　說穿了，他毫無選擇，也無從改變起。這 11 年下來，讓他愈來愈疲憊、倦怠，甚至反而對這種穩定、美好的生活感到窒息。

　　「我存在的價值到底是什麼？」孫次長幾乎每天睡前都會

問自己這個問題，但他愈來愈答不上來。

　　孫次長也是閱讀俱樂部的一員，但他參加的理由正如同他的工作或家庭生活一般，就是因為大家都參加了許多社團，所以他選了一個不討厭、也沒那麼負擔的活動。

　　這個月閱讀俱樂部選定共讀的書是《月亮與六便士》。孫次長就像處理公務一樣，收到通知後，在下班的途中買了這本書，雖然不見得會想讀這本書，但他心想：「至少也要做做樣子」，出乎意料的是，俱樂部這個月指定孫次長作為導讀人，他聽到的當下相當納悶，「為什麼是我？」但也不好意思拒絕。為了準備導讀不得不翻開這本書，「至少要知道內容大概在講什麼」他心裡本來盤算著只要翻翻就好。但看過故事後，他發現自己和小書的主角經歷很類似，這本小說的主角有一個夢想，就是希望能專心地畫畫，他也是在一家證券公司工作，在 40 歲時毅然決然放棄高薪工作，轉而去追尋自己真正的夢想。這讓他不自覺得被故事吸引，一抓到時間就拿起書來翻，忍不住想知道接下來故事的發展。

　　孫次長的妻子對於他比平常更認真閱讀感到訝異，因此好奇地問他在看什麼書？孫次長簡單地說明了這個故事的大綱，沒想到妻子卻不太開心的回覆，「也太沒營養了。追求個人夢想有必要做到這種地步嗎？」

是啊，有必要放下一切去追尋嗎？

　　孫次長心理也有相同的困惑，但他下意識地為主角史崔蘭辯護，妻子聽到他還為主角辯護，愈聽愈生氣，進而提高音量質疑他：「所以你也認同他的做法，為了追尋夢想拋妻棄子是正確的囉？」

　　孫次長頓時語塞，臉上一陣尷尬，但他的聲音聽不出任何情緒，彷彿就在講一件無關己要的事：「要做出這麼重大的決定，必然是經過深思熟慮的思考吧。也許真的有一股不可抗拒的力量在呼喚他去做這件事，就像在書裡面作者的形容，那是『受到惡魔突如其來的攻擊』，主角似乎受到惡魔困擾，感覺就要被撕成碎片，那股難以言喻的衝動，的確很適合用『惡魔』來比喻。」

　　妻子聽到他的說明，頓時覺得安心了不少，畢竟「惡魔」和「禁忌」在某種程度上是很接近的形容詞，都是應該近而遠之的事物。

　　孫次長看著妻子的表情趨於和緩，暗自慶幸安然度過了一場可能釀成家庭危機的對話，但他又看向被隨意擱置在角落的電吉他，他彷彿感受到「惡魔」的侵擾，不斷產生想要拿起來刷幾首歌的衝動，幾乎無法抑制，這真是太危險了，他平常把這股慾望掩飾的很好，連枕邊人都沒有發現他內心渴望充滿激

情的生活，但開始讀這本書之後，愈來愈難掩飾這份悸動，他決定把吉他移到別的地方去。

「這本書真是太危險了。」孫次長讀著讀著，愈來愈意識到這件事，同時他也意識到他的生命中，沒有什麼能讓他像看到這本書一樣，有重新活過來的感覺。就像《聖經》中夏娃被蛇所誘惑，聽從蛇的話去摘下果實，明明知道不能做為什麼還是會被吸引，甚至不斷想起呢？因為那太美好、太令人嚮往和——讓人感覺真正地活著。

孫次長不知不覺看了一整夜，直到魚肚翻白他也沒有發現，只是一頁接著一頁地翻著，渴慕著結局。

低頭撿拾滿地的六便士，卻不見頭頂的月亮

《月亮與六便士》這本書，以主角史崔蘭為核心，他是一位過著優渥生活的證券經紀人，家有賢妻又有子女。但在中年 40 歲的時候，突然回應內心的呼喚，拋妻棄子，捨棄原本優渥的生活，先是兩手空空奔赴巴黎，後來又到南太平洋的大溪地與土著一起生活。無論是否能實現理想與熱情，他只知道他要不停地畫，就算最後被眾人唾罵、窮困潦倒、病痛纏身……。

這本書有一句很經典的台詞「一般人都不是他們想要做

的那種人，而是他們不得不做的那種人。」史崔蘭的故事完整地體現了這句話。旁人都不理解史崔蘭為什麼不惜放棄穩定生活、美滿的家庭也要畫畫，他只是平靜的說：

> 「我從未說過我一定要畫畫。但如果不畫些什麼，我就無法生存。對於掉進水中的人，問題不在於他游得標不標準、姿勢正不正確，而是不管怎樣就是要游回岸上，否則就會溺斃。」

「游得好不好不是重點，畫畫是為了生存」看到這句話時，孫次長想起自己在證券公司的工作，每天忽視內心不斷發出的生存渴望，只是麻木地工作，努力滿足主管的要求，回家再滿足家人的需求。

這無疑是一種自殺行為。孫次長這才驚覺，自己都對自己做了什麼。

在這個故事裡，史崔蘭毫不介意別人如何批評他的話，他就只是不停地畫畫，不停地創作，為了更接近他的夢想，他忽視了現實生活所需的一切，就算畫到窮途潦倒，他仍然緊抓著畫筆。

真的有人可以做到這種程度嗎？完全忽視體制，不管他人的眼光？這樣不會太自私了嗎？

　　孫次長反覆思考這個問題。人活著真的能只追求對自己有意義的事物嗎？但他從小到大所受的教育，都告訴他若人只想到自己，只追尋對自己有意義的事物，勢必為此付出慘痛的代價，這個社會就是團體生活，人無法離群索居，自私自利的人最終必然受到懲罰。

　　當孫次長還在思索關於自私這個問題時，他看到故事中提到史崔蘭對良知的闡述：

　　「我認為良知本來是心的守衛，是為了讓人類社會能順利運作、互惠互助發展出來的道德守則，但後來良知變成了每個人內心的道德警察，他監督著我們循規守法。良知也是潛伏在一個人自我意識中心堡壘的暗探。」

　　這樣形容良知似乎太過偏激，但這描述又莫名的精準，只是為什麼人們願意接受良知的約束，不斷進行自我審查呢？故事中小說家以敘述者的角色繼續分析：

　　「由於常人總是過於強烈地渴望得到別人的認同，過於害怕輿論的非議，結果自己引狼入室，把敵人放進了自己的大門。而這個暗探就時刻監視著敵人，始終警惕地捍衛主人的利益，隨時摧毀任何剛冒出頭的想要脫離群體

的念頭。良知會迫使每一個人把社會利益放在個人利益之上。」

他人的肯定與讚美，有比實踐自我價值重要嗎？孫次長又陷入了沉思。如果照著良知的指示去做，就能過上幸福快樂的人生了嗎？

孫次長回頭檢視自己的處境，終其一生幾乎都遵循著良知的指引過日子，他認真工作、用心經營家庭、不遺餘力地奉養父母，但「幸福快樂」卻離他很遠。

如果我們認真地把良知的審核標準一條一條拿出來檢視，就會發現最核心的價值，就是把社會利益放在個人利益之前，如果調換了順序，就會變成他人眼中的「混蛋」。

小說中的年輕作家從第三者的角度，探討到底為什麼我們需要遵循良知的指引，若過著不違背良知的生活，就會過得幸福快樂嗎？如果像史崔蘭這樣以個人追求為優先，就會變得不幸嗎？在故事裡，小說家把遵循良知這件事，用以下的情境比喻：

「恰如宮廷弄臣百般頌揚扛在肩上的國王權杖一樣，他為自己有敏銳的良知而感到自豪。這時，對於不承認良知力量的人，他會用嚴厲得不能更嚴厲的言辭來責罵這些

人，懲罰以自己利益為優先的人，彷彿這些人是十惡不赦的罪人，因為他現在已成為社會的一員，清楚地知道這些人是沒有力量對抗自己的。」

雖然我們活在不同的時代，但對於上述的場景，我相信每個人尤其是出了社會的成人，一定更能感同身受。

孫次長看到這一段時，不禁想起以前在學校上公民道德課的場景，每個人都需要回答「正確答案」，那個正確答案的標準就是「以眾人的利益為優先」，通常選擇題給出的錯誤選項都顯而易見，只是要強調獨特性、以個人利益為前提，就一定是錯的答案。但這彷彿在灌輸每個人：「有想法、有創意、積極熱情的展現自己，就是犯罪」。

因此當孫次長看到史崔蘭一次一次為了「畫畫」下的決定，愈來愈遠離「良知建議」的行動，他備感衝擊：「原來，就算不依循良知，也能活得幸福快樂。」孫次長回頭看了看自己的處境，他覺得國家彷彿是一台大型的機器，發出轟隆隆的噪音，他不知道自己為什麼要遵循「正軌」活到現在，甚至明明可以免役，還是乖乖地去當完兵，那些有錢人家的孩子甚至會動用勢力讓孩子不用當兵。自己不這麼做的原因，也只是擔心他人的眼光對自己投以無聲地指責罷了。

孫次長突然覺得，自己對這個世界無比陌生。

當你終於抬起頭，去追尋月亮

在受到啟發後，史崔蘭認識到「幸福」的真諦。他了解自己若無法作畫，就算能延續生命也不代表「活著」，某種程度上，自己不得不繼續畫下去。

雖然在外人眼裡，史崔蘭為了「畫畫」放棄了許多人眼中艷羨的一切，甚至到了令人不可思議的程度，但對他來說這些選項都只是為了「求生」。

就在史崔蘭終於能一心做畫的時候，支持他的年輕作家卻開始擔憂，史崔蘭很難在充滿階級、惡評且市儈的藝術界存活下來。因此他總在史崔蘭作畫的時候，設法從旁給予建議，使他畫出更容易受到市場接受的作品，但他發現史崔蘭只是埋頭作畫，沒有因為他的建議動搖過。

年輕作家：「我以為你會需要別人的建議，畢竟你不熟悉藝術市場。」

史崔蘭：「你怎麼會覺得我拋下了一切就為了畫畫，還會擔心如何融入市場呢？」

史崔蘭的回應中，傳達出他對年輕作家的想法充滿無法估量的鄙視。

　　孫次長對這段對話感到無比震撼。居然是史崔蘭鄙視年輕作家給的建議，而年輕作家也沒有加以反駁——這太不尋常了！難道遵循世間的規範過活，反而是一件令人鄙視的行為？

　　孫次長之所以會感到如此衝擊，正因為他一路走來，都遵循著好公民、好員工、好爸爸、好兒子、好丈夫的標準，以此自我約束。這讓他重新去思考這些標準從何而來？這似乎是沒有選擇的餘地，自他出生在大韓民國，從小接受的教育、父母師長的叮嚀與同儕之間的彼此約束，都是從這個標準出發，每個韓國人都是在這套標準底下長大的，要學韓語、韓國文字、孝順父母、尊重長者、對國家忠誠、為南北韓統一努力、為進步的社會盡心盡力等。

　　孫次長依循這套標準長大，升學、當兵、退伍、進入職場，在工作穩定後娶妻生子；他也依循著這套標準，繼續教導他的孩子，他閉著眼睛就能想像，孩子會經歷和他一樣的旅程。他認為依循這套標準並沒有錯，國家照顧人民，人民要報效國家，因此對於書中史崔蘭的鄙視特別不滿。但他冷靜後慢慢發現，這理論看似公平，但為什麼我們要這麼活著？自己真的有因此獲得對等的回報嗎？他這才驚覺，為什麼年輕作家沒有反駁史崔蘭，孫次長也找不到反駁的理由。

我也有夢想

　　孫次長從《月亮與六便士》中布魯諾船長的一段話，找到了答案。船長的話像隕石般撞擊他的心靈，帶來巨大衝擊。史崔蘭極端地放棄一切去追尋夢想，他把這一切歸咎是為了生存的必要手段。但布魯諾船長則是透過另一種形式實踐了自我價值。布魯諾船長是書中難得能理解史崔蘭的選擇的人，他說：

　　「我知道什麼叫做擁有夢想，因為我也有夢想，照我　　來看，我也是藝術家。」

　　布魯諾船長在成為傑出的船長之前，他曾經歷巨大的失敗，他失去了一切，一無所有，但他並沒有放棄人生也沒有因此絕望，相反的他找到了一座無人島，在這座荒蕪的島上他帶著家人一起建造屬於他們的家園，他就像這座無人島的設計師，一草一木都親手打理，家裡的一磚一瓦也都親自堆疊，他就像一個藝術家，親手創造了自己理想中的家園。

　　布魯諾船長提到他對史崔蘭的印象：

　　「我因為心中那股無法抑制的渴望，帶著家人一起在　　無人島上建立屬於我們的家園，我相信史崔蘭內心也有同

樣強烈的召喚，使他做了這麼艱難的抉擇。如果史崔蘭用畫來表達強烈的生存慾望，我則是用我的生活來體現相同的慾望。」

　　孫次長從來沒有想過，生活也可以是一件藝術品，他從來沒有想過可以為自己形塑美好的生活，他一直以來都認為，生活就是那樣，像大家過得一樣，為工作奮鬥、為養家活口努力、為父母盡孝，但他從布魯諾船長的行動，發現了另一種可能——我雖然沒有時間彈吉他和創作新曲，但我可以把生活活成一首新的創作。

　　孫次長從《月亮與六便士》看到，如果史崔蘭的選擇是為了生存的必然，是為了回應內心強烈的渴望，但他始終只能成為一個孤獨的創作家；但同樣為回應內心強烈的召喚，布魯諾船長把生活作為創作的素材，他與家人一起前行，與家人一起繪製出共同的理想生活。同樣是藝術家，布魯諾船長活成了能與人協作的藝術家，能創作的作品也更宏大、更複雜。

　　「我白手起家從無到有開墾荒島，我也創造了美。啊，看著那些高大、挺拔的椰子樹，想到每一棵都是我們自己種的，你不會懂那是什麼感覺。」

現實與理想未必要一分為二

孫次長對布魯諾船長的生活充滿嚮往與敬意，他終於也抬起頭來仰望月亮，不再只是低著頭自顧撿拾地上的六便士。追尋夢想不見得一定要拋家棄子，放棄累積的生活，這些事其實可以同時並存。

因此，這更加激發他產生強烈的共鳴。不論史崔蘭或布魯諾船長，他們的選擇沒有對或錯，只有如何最符合自身的生存本能而已。生命之美並不會強迫我們在家庭和個人夢想之間作一分為二的抉擇。

的確，生而為人必然承載某種使命與責任，是負擔也是我們成長的動能，但不知道從何時開始，我們感到負擔愈來愈大，愈來愈難以承擔，那可能是我們只透過一般人都在使用的方式承擔責任，我們忘了使用自己的專長，找到符合自己能力的承擔方式，以至於我們步伐愈來愈緩慢，甚至開始停滯。

每個人都對自己背負著某種程度的虧欠感。為什麼我會覺得自己虧欠了什麼？孫次長認真思考這個問題。他從出生以來所學習的、掌握到的大多是關於韓國社會、國家與人類共同創造的普遍事物。即使談論個性與獨創性，也不會超 這些範疇。因此，個人的獨特性與世界的普遍性必然是一致且相互影響的。真的有人能夠完全脫離家庭、社會與國家，像孤島一樣

生活嗎？即使真有這種人，我們能稱之為「有價值的人」嗎？

　　孫次長回想起某回韓日足球賽，他全心全意支持韓國隊。如果比賽輸了，他會感到憤怒和委屈，彷彿是自己親身遭遇失敗。當然，每個人的情感程度有所不同，但他認為體會到這種情感的自己才是最真實的。一個人感到自我認同的地方，包括作為國家公民自然而然感受到的情感。在韓日足球賽中，他無法認同高聲替日本隊助威的自己。

　　另一方面，我們有種偏見，認為「真實的自我」不應該摻雜任何除了自己以外的雜質。因此，當自己主動做出群體所期望的某些行為，或是感受到和群體其他成員相同的情感，我們往往會草率判斷那不是真實的自我。這種不適感，部分源自於現代教育鼓勵我們成為傑出的個體，進而獨立判斷與行動，而不是和群體或周圍的人一起做事。我們一直被教育成是各自為戰的個體，視他人為競爭者，並接受個別評價。因此，我們可能認為自己身上有著某些獨特之處。之所以會有虧欠感的意識，或許正來自這種偏見吧？

　　「我」這個存在，無法與其他事物完全分離。「我」的特性中已經反映了「我們」的特性。人們根據不同時間、地點、周圍環境以及遇見的人，總是不斷地重新調整自己。就像在樂團裡，為了一起演奏的確有許多需要互相配合的部分，但每種樂器都還是會發出自己獨特的聲音，吉他不會去學電子琴的聲

音，鼓手也不會刻意打得像在彈貝斯，社會生活也一樣，我們不需要刻意活得像身邊的人，不需要掩飾自己的不同或內心的渴望，追求自己的理想也不是什麼罪惡，就是為了生存的必然。但是，我們也不應該忘記傾聽與家人、周圍人群以及宇宙共同創造的和諧之音。這正是不虧欠自己的祕訣——生命中每個時刻都在創造自己。活出自己的同時，也要不斷超越自己。

In yourself & Beyond yourself!

　　孫次長最後以上面這段話總結他讀完這本書的感想，發信給讀書會的所有成員，在按下傳送鍵之後，他不自覺地將目光轉向牆角的電吉他，電吉他可以獨奏，也可以和鼓、貝斯或電子琴一起演奏，激盪出不同的音樂魅力。隨後，他默默滑開手機，搜尋多年未聯絡、過去一起玩樂團的朋友的聯繫方式。

5

苦於長期外派出差，我也想要自由活得像個人

讀鄂蘭的《人的條件》

在公領域和私領域之間，認識人的多元性

在國外工作的挑戰之一是工作與家庭之間的界線變得模糊。假如有家人同住，情況或許好一點，但獨自一人時，問題會變得嚴重。下班後或在假日遇到的人多數與工作有關，私生活與工作難以清晰劃分。在這種環境中，很難明確區分私事與公事的領域。

在《人的條件》中，漢娜·鄂蘭提到，過去人們將「謀生」視為私人事務，「讓人更自由」則視為公共事務。那麼按照這個標準，「公司」是什麼樣的地方呢？

一方面，公司看似是私人場所，是人們工作謀生的地方；另一方面，公司又看似是公共場所，許多人聚集在一起，夢想著各自的自由。沒錯。公司既是私人空間也是公共空間。在國外工作時，這種感受會更加深刻。

問題在於，當公司只專注追求利益而忽視員工的自由與權利時。如果這種情況發生在公私事務並存的地方，尤其是在界線更加模糊的異國他鄉，我們應該如何應對呢？

外派人員李組長的嘆息

在一個吃完午餐、昏昏欲睡的午後，電話鈴聲刺耳地響起。原來是人資部主管，在電話中請李組長到他的辦公室。在那裡，主管告訴他，外派「只有三年」。越南新建的智慧工廠（Smart Factory）與試營運所需時間就三年。公司提出的海外派遣員工的年薪，是李組長目前薪水的兩倍多。回國後，在公司還能更上一層樓，這些甜蜜的誘因固然發揮了作用，但更重要的一點是，孩子們能上國際學校。豐厚的薪水、光明的未來，以及一舉解決孩子們英語教育問題，這些想法一瞬間閃過他的腦海。

但是，公司開始流傳奇怪的謠言：如果這次越南專案計畫獲得成功，公司打算在東南亞其他國家建設類似工廠，而第一批前往越南的員工由於經驗豐富，很可能繼續擔任「出海先遣隊」。「如果工作表現出色，先遣隊可能在東南亞工作到退休」的傳聞，對別人來說只是臆測，但對李組長來說並不是。孩子們到了一定年齡就必須和妻子回國，準備大學入學考試，他很可能會獨自長居海外。他很清楚，一個中年男子獨自生活在異國他鄉並不容易，離婚的例子也不少見。

於是妻子站出來持反對意見。首先，她擔心孩子們。老大現在是小五生，三年期間，正好與國中課程重疊。另外，老

二和老大相差五歲，現在還沒上國小，是特別需要人照顧的年紀。她擔心這麼小的孩子是否能適應越南炎熱潮溼的氣候。

最後，妻子提到她自己的問題。現在即使丈夫在家，也大多埋首工作，住一起也差不多像空氣一般。而且海外設廠不是件容易的事，她擔心自己能否像在韓國國內一樣，可以獨自應付孩子的教育問題與家務。少了娘家母親的幫忙，她擔心在語言不通、文化陌生的國家，自己是否能獨力應付。

此外，妻子一直在準備各種資格證照考試與進修，打算等老二上小學後，重新回到因育兒中斷的職場。對丈夫因工作調動面臨突如其來的外派生活，她顯然並不樂見。妻子感覺自己即將被拖入看不見前路的漆黑森林中，身邊還帶著兩個孩子。然而，關於之後可能會在東南亞其他國家「居無定所」的不祥傳言，李組長則連提都不敢提。

如今七年過去了，李組長仍然待在越南。原本外派三年過後，在回國之際，他從科長晉升為組長。但新組長必須留下來，直到工廠完成本地化，每個人都讚美他是最佳人選。在哭笑不得的複雜情緒中，當初隨著李組長飛來的第一批先遣人力已經搭上回國航班，而比他晚三年來到越南的第二批先遣人力，也於去年底回國。這時，老大已經高三，曾經天天哭鬧的老二也已經是國中生。夏天時，妻子帶著孩子們來到越南過暑假所說的話，還時刻掛在他的心上。

「孩子們和你分開的時間太長了，他們現在覺得和你住在同個屋簷下很尷尬。」

要求回國工作就會面臨提前退休

李組長覺得家庭生活再這樣下去實在不是辦法，於是向總公司的人資部部長提出回國請求。人資部部長是晚他一年進公司的後輩，儘管他很尊敬李組長，但仍然不明白李組長為何這麼做，用自己獨有的幽默開了他玩笑。

「大哥，您別傷心，聽我說一句。開個玩笑，如果您現在回來，會直接被列入退休名單。您現在離當地公司負責人只有一步之遙，如果是我，我會再忍耐一下。」

人資部部長還說，公司原本情況就不好，現在因為COVID-19疫情，哪天突然倒閉也不奇怪。與過去相比，公司勾勒的工作到光榮迎接退休生活，現在其實是「被」提前退休。人資部部長不斷補充建議，儘管增加了李組長的壓力，但他真摯的言下之意清楚表達：「堅持下去，才會有回報。」

那一刻，李組長感到強烈的背叛感。不是說只要忍耐三年，就能更上一層樓嗎？他已經堅持七年，超過三年的兩倍時間，如今卻成了「被提前退休」的對象！感到被背叛是人之常

情。「再忍一下？忍一忍就能成為公司負責人？現在要我怎麼相信這種話？我的憂鬱症愈來愈嚴重怎麼辦？孩子們更喜歡爸爸不在家的日子，我要怎麼面對他們？」如今，李組長連表達失望的力氣都沒了，他的心情就像夏天烈日下的冰淇淋，落寞地融化了。

然而，人心難以捉摸。在李組長內心深處，不斷響起甜蜜的呢喃：成為當地公司負責人意味著成為一名高層主管。成為高層主管就像成為肩上掛星的將軍一樣，是所有上班族的夢想。「我辛苦多年，現在回去，即使聲稱自己是丈夫、是父親，家人會熱情地接納我嗎？我能彌補失去的歲月嗎？就像人資部部長說的，再堅持一下，成為凱旋歸國的將軍，不是更好？但是得到肩章上的星星後，我的生活真的會變得更加明媚嗎？」在李組長容光煥發的臉龐後，似乎能看見家人陰鬱的表情。隨著「現在回去是不是為時已晚」的悔恨，越南的夜晚愈發深沉。

李組長隱瞞所有人服用抗憂鬱藥物已經三年多。漫長的異國生活，年少青春不復存在，這裡的生活一點一滴地侵蝕著他的身心。白髮多過黑髮，視力和記性日益衰退，而衰退得更快的是他的自信。疼痛侵入他的頭部、肩膀、背部，蔓延到心靈。曾經出眾的工作效率，也因大大小小的失誤而黯然失色，連帶著使他失去了食慾與對生活的熱情。

　　每天他都能領悟一個簡單的事實：只有與所愛的人一起生活，才能堅持下去。他深刻理解男女相遇、相戀、結婚、生兒育女、組成家庭的傳統，為何能延續至今。在無需任何算計、只是相互需要的關係中，人們找到了生活的力量。他非常想念無條件給予擁抱的妻子；想念只因為他是父親，就對他展露天使般微笑的孩子們。他和心愛的家人們分離得太久、離得太遠了。沒有家人的異國生活，將他變成沒有情感的機器人。憂鬱症變成一把錐子，無情地鑽進他的心臟。他的「鋼鐵心臟」被鑿穿了洞，洞裡傳來刺耳的聲音。

　　李組長盯著從韓國寄來的包裹。裡面有妻子寄來的保健食品和幾本書，其中一本書是公司前輩送來的。那位前輩醉心哲學，甚至辭去工作，潛心學習哲學。那本書是漢娜‧鄂蘭的《人的條件》。「這本破書能讓我的靈魂得到休息嗎？」他一邊譏嘲，一邊翻開了書。

什麼是身而為人的條件？

　　這是什麼意思？是否有一個條件能使人類具有「人性」？李組長翻了翻書。他曾經讀過漢娜‧鄂蘭的《平凡的邪惡：艾希曼耶路撒冷大審紀實》（*Eichmann in Jerusalem*）。艾希曼是納

粹德國的官員，他遵循希特勒的命令在集中營毒氣室屠殺數百萬猶太人。當艾希曼受審時，身為記者的漢娜・鄂蘭親赴現場，觀察了那場審判。她感到震驚。艾希曼看來是如此平凡，就像普通的鄰家叔叔，他頭上既沒有惡魔之角，臀部也沒有野獸之尾。鄂蘭對這種「邪惡的平庸性」感到驚訝。

　　那麼到底是什麼原因，導致這場數百萬人死亡的悲劇？鄂蘭認為，原因在於人們不假思索地執行自身職責，缺乏獨立思考的能力。李組長對此感到驚訝。他一直機械性地工作，未曾思考過這些工作的社會意義。他以「謀生是神聖的」、「生存至上」為信念，沉默地生活著。鄂蘭彷彿在質問這樣的他：

　　　「我們一切行動的真義為何？」

　　我究竟做了什麼？鄂蘭認為，缺乏這樣的質疑可能就是邪惡的開端。這個主張相當激進，令李組長啞口無言。她的激進論點尚未結束。她認為，科學與技術具有控制一切的極權主義傾向，會強制地將不可控的部分納入控制之中。而這種控制通常伴隨著暴力與強迫。透過科學與技術讓一切變成可能的信念，將不可能的領域偽裝成可能。而這種偽裝往往與幻想和偽善結伴同行。因此，鄂蘭認為「當今根本的邪惡在於人們錯誤地相信，藉由科學與技術使得一切皆有可能。」極權主義元素

不僅限於政治問題。

　　李組長之所以到越南，是為了參與智慧工廠設廠。智慧工廠是指，無論顧客在何時何地下單，都能立即投入生產的工廠。透過系統即時連結所有材料與設備，僅需極少數的人類工程師負責監視系統。實際上，投入原料、塑型、按照設計圖製造產品的是機器手臂。包裝與物流過程完全不需要人力。人力的介入反而代表智慧工廠無法正常運作。無論客戶在何時、何地，下訂的顏色和形狀為何，都能生產出客戶所需商品。這種信念正是智慧工廠的基礎。鄂蘭所說的「一切皆有可能」的極權主義傾向，正是支撐智慧工廠的動力。

　　然而，他非常清楚工廠的實際情況，全面掌控不過是幻想。系統與創造它的人類相似。人類經過無數次的失敗和錯誤學習、改善進步，系統也是因故障與錯誤，不斷地成長。正如同人無完人，完美的系統也不存在。一切不過是迫使人們相信或誤導人們相信其完美無暇。

　　根據鄂蘭的觀點，盲目信任科學與技術，將人類生存的關鍵條件──「地球」，變成了巨大的實驗室。在這裡，人類被當成實驗工具或實驗對象。實驗不容許自然狀態，它設定符合假設的條件，不斷調整與修改以求獲得預期結果。科技時代不斷地將人類勞動視為實驗對象。鄂蘭將勞動、工作與行動視為「人的條件」，與此不無關係。

　　對鄂蘭而言，勞動代表純粹為了謀生而進行的活動。生計是關乎生存的問題，假使無法解決生存問題，人們就無法進行其他活動。生計愈是不穩定，人們就愈關注它；生計不穩定度愈高，人們為其放棄的東西就愈多，而且容易自欺欺人做出犧牲。在古希臘等地之所以不讓奴隸參與政治的原因，就在於此。假如讓一心只關心生計的奴隸，參與追求更高精神價值的政治決策，他們即使明知對國民有害，也會不惜欺騙自己與群體，做出對自己生計最有利的選擇。

　　李組長發現自己無法針對這一論點提出有力的反駁。當勞動被定義為單純為了生存而進行的活動時，身為公司員工的他，迄今為止做的所有事情都屬於勞動。在為生計而活的重大理念下，他放棄多年的家庭美好時光，與同事下屬的交流與對話也僅限工作相關。當大股東的親戚走後門進入公司，對於那些毫無專業可言的「皇親國戚」，他不僅緘默不語，甚至還要小心翼翼地看他們的臉色行事。

　　政治上也是如此。身為公民，他雖然聲稱會審視總統候選人的政見，但最終還是投給能使他的皮夾變得厚實，減少他的稅收，提高名下房產價值的人選。他不打算為了一個更好的國家、更具風範的國家，放棄自己擁有的一切。李組長感到困惑，他不知道應該稱自己為理性的公民，還是自私的金錢奴隸。對他而言，「盡人事聽天命」變成了「盡人事待生計」。

生計是他人生中最重要的意義。

　　李組長繼續往下讀。鄂蘭犀利地分析隨著「社會」出現，原本代表私人領域的家庭以及公共領域的政治，是如何變成了模糊的混合體。長久以來，私人領域解決了父權與奴隸制度造成的生計問題，而公共領域則透過討論與說服，強調國家的角色與功能，使人們變得更加自由。

　　但是近代社會中，私人領域與公共領域混為一體，使得經濟問題最終升級為社會的首要任務。這導致社會中父權與奴隸制度一同運作，社會成員一致認為解決社會問題是最優先事項。換言之，國家變成龐大的有機體，旨在解決生存問題。社會中，人不再是自由展現個性的主體，而是為彼此相互依存，服從模仿父權社會權威的客體。

　　李組長對鄂蘭的話深感共鳴。她主張無止境的自動化生產過程，無法將人類從勞動中解放，反而會使人類與世界、周圍的人疏遠。巨大的自動化工廠——智慧工廠，將他變成不分晝夜都在憂心生計的工人。即時連線的訂單與生產流程，帶給某些人無時無刻的工作壓力。這也是為何他無法充分享受越南的自然與文化的根本原因。

　　系統程式錯誤的警報從智慧型手錶傳來，就像電流衝擊他全身上下。他無暇深入思考經濟之外的價值，如氣候變化、人權問題等，只將謀生問題放在首位，其他問題則根據對生計有

多少助益進行優先排序。每當他試圖深入思考，就會自責「是否吃飽太閒」。在生計面前，思考停下了腳步。

獨裁者的野心

稍後，李組長回過神來，現在可不是顧著感嘆的時候。他嚴肅地反問：「我是資本主義時代的受雇勞動者，像我這樣將生計放在第一位，哪裡錯了？每件事都考慮到生計穩定，不是理所當然的嗎？一旦我失業，誰會照顧我和家人，在這個冷酷的社會，有誰會關心我們一家人？」

他用強而有力的邏輯進行自我武裝後，繼續閱讀。沒過多久，便在下面的段落親眼目睹自己的武裝瓦解。

> 「在古希臘，所有獨裁者的野心都是阻止公民對公共事務產生興趣，不讓他們將時間浪費在非生產性的公共討論與政治上，將集市變成類似於東方君主專制下的交易集散地（bazaar）。」

李組長似懂非懂。既然如此，這是否代表人類應該浪費時間在非生產性的公共討論與政治上？他曾經學過不要做任何沒有生產力的事，但鄂蘭提出了不同的觀點。他慢慢地將她的觀

點彙整在一塊。

「惡的根源在於不思考就行動。不思考代表不考慮他人，輕率地只照顧自己的生活。人若想擺脫生計的束縛，應當追求超越經濟的更高價值，因此，需要在不糾結於生計、效率、生產性與利潤等狀態下，進行思考。而鄂蘭稱在這種狀態下，進行的自由思考與討論為『行動』，最具代表性的行動領域正是政治。政治？啊，政治⋯⋯。」

人的條件的核心是，思想自由！

人的條件之一，除了「勞動」外，鄂蘭還提出「工作」與「行動」。透過閱讀她的著作，李組長理解了她所謂的工作與行動為何。工作是以創造最終產品為目標的活動，因此，關於工作的一切評判標準都基於是否達到「最終產品」的適當性以及實用性。而行動，則是與他人自由分享思想，不受生計束縛，不執著於最終產品的活動。隨著勞動到工作、再至行動，人類自由思考的空間隨之擴展。

「勞動」與生計密不可分，「工作」則與最終結果緊密相連。儘管這兩者同樣需要人類的精神參與。但在鄂蘭看來，勞動、工作與人類思想自由相比，不過是貶值與被商業化的東

西。人類思想的特點之一是自由，人的意志與思想不是三言兩語就能闡明。它們不似口袋裡的硬幣能隨意把玩。鄂蘭也許在歷史現場見證了如同壯麗瀑布、萬馬奔騰般奔放的人類精神。而我們也已經見證，那些未曾目睹如壯麗瀑布般人類精神的人們，不加思考地打開毒氣閥門。

從這種角度來看，鄂蘭認為人的條件最重要的是「行動」。人類精神追求不受阻礙的自由。她認為，真正自由的思想必須納入政治領域。政治是個人超越自身利益與立場，從共同體的角度展現自我個性與自由的唯一活動。超越生計的價值，以及超越金錢的自由討論與說服過程，促使我們共同探討與追問你我一起生活的根本原因。任何人若失去這一點，就等於失去人的條件裡的終極核心。

政治對我們的意義

李組長重新認識到政治的重要性。鄂蘭直言不諱地表示，如果想經由政治活動增加財產，那不過是為了生計的勞動。她所談論的政治，並不是為了謀生的職業政治，她認為，政治是對群體與周圍人發聲的活動，也是與共同生活的鄰里一起討論國家、公平、正義、自由、平等，乃至幸福的公共活動。這才

是政治的真諦。在這過程中，能具體並坦然地呈現個體的特性。

　　他似乎明白了自己為何感到憂鬱。對他來說，越南工廠僅僅是經濟活動。這裡是金錢的沙漠，效率和生產力如烈日一樣帶給人壓迫感。這裡唯一讓人得以堅持下去的綠洲，便是穩定的生計。然而，能使他確信生計穩定的家人卻遠在天邊。在這種情況下，人不憂鬱這才奇怪。

　　在這裡，他無法擁抱金錢之外的價值。工廠工人的心理健康或越南工人的人權等，都是禁忌話題。偶爾遇到反人權的情況時，李組長會低下頭，彷彿看見不該看的東西一樣。唯有如此，他才能在寸草不生的沙漠中繼續生存。身為工薪階級，就算挺身而出，他又能為他們做什麼呢？一想到這裡，李組長總是迅速退縮。

　　他闔上了書，陷入沉思。今時今日，人工智慧、智慧工廠、元宇宙等技術與產品的結合，就像獨裁者一樣主宰我們的生活。他感到迷惘，不知該從何做起，也不知道自己是否能做到。他開始覺得，那些告知人們要成為消費者而不是公民；要成為客戶而不是國民的地方，不再是讓人保有人性的溫暖之地。一想到自己的孩子，要在這樣冷漠的環境中接受教育並度過一生，他感到萬念俱灰。

　　但是，人的心靈擁有不可思議的神祕力量。李組長的胸口

逐漸發熱，他意識到，作為家長，自己的職責不僅僅是賺錢。他責怪自己未能切實履行父親的職責。他吃驚得寒毛直豎。作為父親，他必須與孩子們分享身為公民應該如何生活，應該如何看待自己的國家與周遭的人。李組長想與妻兒討論這些話題。從家庭出發，延伸到鄰里，乃至國家，他的思緒得到解放，進而昂首挺胸。

　　現在，他想擺脫只關注前程的學習與工作，向孩子們傳遞更宏遠的思想。無論我們身在何處，從事何種工作，我們都與共同生活的人們緊密相連。李組長想在晚餐飯桌上，與家人面對面，談論這個理所當然的事實。他不想再受「生計斷炊」的威嚇言詞所欺瞞，背棄自己內心的聲音與家人，獨自行走於金錢沙漠。現在，他的眼底開始閃爍著光芒。

6

期望重返職場再就業，揮灑身為女性的才華

讀吳爾芙的《自己的房間》

自主打造身為女性的一片天,可能嗎?

在韓國社會,許多女性想在職場長久工作並不容易。因為懷孕、分娩、育兒等多種問題,成為她們職業生涯的阻礙。即使克服諸多難關繼續工作,職業婦女們的處境依舊艱難。比起「工作與生活的平衡」(work-life balance),她們更多時候要考慮「育兒與生活的平衡」,並不斷自問:「上班是正確的選擇嗎?」「決定繼續工作是我太自私嗎?」類似的問題不斷折磨著她們。

「女性要寫小說,就需要金錢和自己的房間。」維吉尼亞・吳爾芙所著《自己的房間》即使在一百年後的今天,仍被廣泛討論。她的作品為何至今仍受到喜愛?我們能在這本書中,找到職場專業斷層與職業婦女無數問題的答案嗎?

女性逃不掉的職涯中斷危機

柳科長沒能夠成功跨越職涯斷層的懸崖。

在大學時期，柳科長曾是廣受男同學歡迎的女孩，畢業後輕鬆進入大企業工作，在團隊績效評估成效中總是名列前茅。她不僅有出色的外語能力，還有吸引聽眾的演講技巧，各方面可說是無懈可擊。當公司要求員工們選出一位「前途無量」的人才時，他們毫不猶豫地推舉了柳科長。

然而，柳科長自己陷入了愛情的漩渦當中。28 歲那年，為了避免習俗上「逢九必衰」的傳統禁忌，經過百日祈禱後，母親建議她參加相親，早日結婚。不知是佛教的緣分還是基督教的命中註定，相親對象不僅擁有令電影明星嫉妒的俊朗外貌，高大的身材更足以讓模特兒傾慕，而且還是有錢人家的獨生子——這就是陷阱。面對這樣超級優秀的伴侶條件，自然規律使然，大量釋放的荷爾蒙使人陷入不理智狀態，再加上社會文化的推波助瀾，必然成就所謂「天作之合」。才短短三個月後，平日精明能幹的柳科長就發出結婚喜帖。

婚後第二年，大女兒出生；隔年，小女兒出生。看著與自己外貌相似的孩子們，柳科長感到非常幸福。在她接連請了育嬰假之後，公司裡的氣氛開始變得緊張。她兩次請假分別使用了 90 天產假與一年的帶薪育嬰假，共休息兩年六個月。她聽

到了一些奇怪的言論，比方說她是公司裡第一個這麼做的人等等。對此，她感到很困惑，自己合理使用法律賦予的休假權利，怎麼了嗎？不知道公司內部傳出這樣的話，是以此為榮，還是在嘲諷她。

　　柳科長依然是出色的人才，但她休假前後的報告水準落差引起許多議論。對撫養兩個孩子來說，兩年六個月的時間遠遠不足，然而要在與同事的激烈競爭中落敗，卻是綽綽有餘。最終，她離開了眾人欣羨的大公司，追尋普通母親的願望——將兩個孩子養育成正直的人。然而，那些曾羨慕她在大公司工作的人，卻沒人羨慕她作為母親的選擇。有人終於說出長期以來的想法：「女員工有什麼辦法，結婚就代表告別職場。這就是為什麼公司不該聘用女性的原因。」

　　育兒和家務的重擔幾乎全落在柳科長身上。儘管丈夫盡力協助，但總是以「幫忙」的姿態現身。身為有錢人家的獨生子，丈夫有許多需要被照顧和關心的地方，也總是不停製造麻煩，柳科長不得不從頭到尾一一指導他。她現在終於完全理解「寧死也不要生病」這句話的意思。

　　在兩個女兒都上了高中的那年，她開始重新撰寫履歷。這時候找工作變得非常困難，她投出五十多份履歷全被打了回票。這讓柳科長也深切感受到年輕人就業的困難。被拒絕約 90 次後，她對於因為生育而中斷職涯的現實感到震驚。起初，她

還會說些表面話安慰自己，比如「太浪費我在大公司積累的經驗了」、「孩子的學費我也要出一分力」、「現在是我擁有自己的工作與固定收入的時候」，但在第 100 次求職失敗徹底摧毀自尊後，她深感沮喪與失落，再也無話可說。

　　在持續幾天的沉默後，丈夫小心翼翼地對她說起：「我也想要自己的書房，可以嗎？我需要完成博士論文，也想寫書為退休做準備。如果要達成這些目標，我需要不受打擾……。」

　　一陣不知是悲鳴還是怒吼的聲音，打斷他的話，柳科長半是諷刺半是震驚地喊道：「說得好像我有自己的書房一樣！」

三間房，四個人

　　家裡的房間數與人口數不相配。兩個女兒又都已是高中生，發育良好，東西幾乎佔據整個房間。柳科長甚至開始覺得，讓女兒們繼續共用一個房間幾乎等同虐待。她們早已過了一起玩耍，手牽手入睡的年齡。靈長類動物宣示領域的本能即將把姐妹情誼破壞殆盡。她們爭吵的聲音大到足以穿過客廳，越過陽台，讓停車場的人們四處張望尋找聲音來源。這顯然是她們需要各自空間的警訊。她與丈夫都認知到這個需求。

　　因此，丈夫不得不放棄他的書房夢。儘管稱為書房，但那

個房間實際上只有一坪多，目前當成倉庫使用。丈夫不得不扔掉或賣掉心愛的書籍。小女兒擁有自己的房間後十分開心，而丈夫則盡父親職責──布置女兒房間，勉強掩飾自己複雜的心情。柳科長明白丈夫的感受，但似乎沒有人察覺到她也需要屬於自己的空間。

經歷無數次求職失敗後的某天，她收到一家中小企業的錄取通知信，而且職位還是科長，這讓她感激涕零。對於重新踏入職場的柳科長來說，恐懼遠遠超過期待。她認為唯一能克服這種恐懼的方法就是持續學習。然而就在這個時候，丈夫再次提出想擁有自己的書房，這讓她感到憤怒不已，丈夫立刻遭到她的砲轟。

之前，丈夫曾把吳爾芙的《自己的房間》一書，送給擁有自己房間的兩個女兒，大概是想傳遞這間房間的意義。但不出所料，女兒們把書扔到一旁，不曾翻閱。最終反倒是柳科長撿起了書，拂去封面上的灰塵，沉浸在書中世界。

女性想實現自我，要先有錢有房？

《自己的房間》是以「女性與小說」為主題的演講內容。吳爾芙最初收到演講邀請時，對於題目陷入深思。女性與小

說？這是指由女性寫的小說？還是關於女性的小說？她的結論有些出人意表：女性想要寫小說，需要 500 英鎊的年收入與一個屬於自己的房間。

為了解釋這點，她創造一個虛構的「我」。這個「我」在準備「女性與小說」的演講主題時，無法進入大學圖書館。圖書館管理員表示，女性除非有大學研究員同行或持有介紹信，否則絕對不允許進入大學圖書館。這種荒謬的性別歧視，在當時的英國普遍存在。用餐時，男性可以喝葡萄酒，而女性只能喝水；男性可以貪得無厭，女性則貧窮得可憐。女性雖然努力工作，卻連擁有金錢的合法權利都沒有。這樣的紀錄吳爾芙也在泰瑞維廉（George Macaulay Trevelyan）所著《英國史》（*History of England*）中找到記述。

　　毆打女性是男性公認的權利，這在上流社會或下層階級隨處可見。當時父母會因女兒拒絕嫁給他們滿意的男人，將女兒鎖在房裡，毆打她們。這種情況不足為奇。

柳科長開始理解吳爾芙何以將「女性與小說」這個演講主題，連結擁有自己的房間和固定收入。正如吳爾芙所言，「小說就像蜘蛛網，微小卻緊密附著於現實生活的每個角落與縫隙。」寫小說不僅取決於天賦，還涉及到作者在童年經歷與幼

年教育、家庭與社會給予的待遇，以及是否有安穩的創作空間與固定收入。沒有受過任何教育，不擁有任何權利，十五、六歲就結婚，在家務勞動中老去的女性，還有必須接受丈夫毆打權利的女性，能寫出什麼小說呢？

女性不可能擁有寫小說的天賦？

　　一位主教曾在報紙上發表這樣的文章：「無論是過去、現在還是未來，女性都不可能擁有莎士比亞那樣的才華。」

　　吳爾芙對此提出反駁。首先，她假設莎士比亞有個妹妹，名為茱蒂絲。茱蒂絲擁有不亞於哥哥莎士比亞的文學天賦，然而她與哥哥不同。她無法接受文法教育，不能閱讀書籍，也不能狩獵或騎馬，而且不能自由地與他人見面和交談。她的生活受到父母與社會嚴格的把控，她最重要的工作是縫紉與煮湯。

　　茱蒂絲喜歡舞台劇，不過，儘管像哥哥一樣選擇離家出走，卻無法成為劇團一員，反而成了笑柄。儘管她努力不懈，但作為女人這個與生俱來的生理弱點，使她變成必須被憐憫才能生存的人。她仰賴劇團經理的同情而苟活，最後懷上經理的骨肉。內心積鬱難解，對自身處境深感絕望的她，最終走上自殺之路。她的文學天賦可與哥哥相媲美，卻從未有機會展現於

世，此身便已靜靜地被埋葬於冰冷的街角。

　　柳科長無法平復急促的心跳。她意識到自己在韓國社會所經歷的性別歧視，如「本來就是這樣」、「忍一忍就會風平浪靜」、「其他人都沒問題，是我太小題大作」等，並不是可以輕易忽視的事。歧視有時會使人陷入困境，別無選擇地結束自己的生命。她覺察到自己身上刻下的「歧視烙印」，實則為暴力造成的傷痕，而在她的腦海中，掠過兩個女兒的臉龐。

經濟獨立帶來精神自由

　　現實如此，吳爾芙如何在這樣困難的環境中，寫出小說呢？她承認：「姑姑的遺產替我揭開天堂的面紗」、「固定收入能極大地改變一個人的精神氣質」。她從姑姑那裡繼承了遺產。這使她意識到，男性能夠寫出優秀的詩歌與小說，不僅僅因為他們擁有天賦，還因為物質環境提供了安全感。確實，經濟獨立能大大改變一個人的精神氣質，這就是她能寫出小說的原因。

　　　「食物、住處與衣服現在屬於我，因此，我能夠停止努力與奮鬥，也能停止仇恨與痛苦。我不需要恨任何人，

因為沒有人能再傷害我。我也不需要奉承任何人，因為對方已經沒有什麼可以給我的了。」

　　吳爾芙說，過上一兩年不再依賴任何人的物質生活後，內心感受到前所未有的解放——能思考事物本身的自由。另外，也能坦率地將自己自由的思想化為文字。她認為最羞辱的事情，莫過於服從那些衡量價值的世人的規範。姑姑的遺產使她明白，唯一重要的事是不用在乎他人目光，只要專注自己想要寫的東西。

　　「令人驚訝的是，知識自由很大程度依賴於物質條件，而詩歌則依賴於知識自由。女性一直很貧窮，不只在過去兩百年裡如此，而是從有歷史以來就是如此。女性比雅典奴隸的兒子更缺乏知識自由⋯⋯這就是為何我如此強調要擁有金錢與自己房間的原因。」

　　讀到這裡，柳科長覺得自己重返職場是無比正確的決定。雖然，她一直對丈夫賺取的薪水心存感激，但另一方面，她的自尊也受到傷害，感到不安。儘管她生養了兩個孩子，但時常感到自己不夠資格成為這個家庭的一員，無法自信地向婆家人主張自己理所當然的權利。哪怕只是個小小的東西，也無法慷

慨孝順自己的父母。這或許是因為她將自己定義為經濟上依賴丈夫的窮人。懷抱著這種心態，她如何能客觀看待人事物呢？這不僅僅是夫妻關係好壞的問題，而是關乎一個人能否自信且自在生活的根本問題。

正視現實

> 「我想鼓勵你毫不猶豫地寫書，無論主題多麼瑣碎或寬泛，都無所謂。我還希望你們擁有足夠的錢，想盡辦法去旅行，懶散地閒逛，反思世界的過去和未來，閱讀，沉浸在幻想中，漫無目的地行走街頭，自由地放下思想的釣鉤，使其於河中漂流。」

柳科長開始思考，也許能將對新公司與工作的恐懼轉化為文字，探討過去的工作經歷與當前工作有何連結。最重要的是，何不記錄自己在這份工作中的情感、態度與行為有何改變？這將是為新生的自己所寫的「育我日記」，記錄著日復一日自我成長的點滴。吳爾芙的鼓勵帶給她巨大的力量，原本滿心恐懼的她，開始感到興奮起來。

「我建議大家賺錢，並擁有自己房間的真正意義是：
我希望你們能面對現實，朝氣蓬勃地生活。」

面對現實吧，擺脫充滿偏見與歧視的人際關係！直接面對
讓身心充滿活力的現實，這才是活著！吳爾芙那誠摯又強烈的
呼籲震撼了柳科長。記錄與現實正面交鋒的日常，或許是人生
中最重要的事。

柳科長首先向丈夫提議，將客廳改造成書房。她決定丟掉
電視，不再看電視台製作的真人秀節目，她已經看夠這場秀，
她要面對以自己為主角的現實世界，好好記錄下來。正如吳爾
芙所言，「成為自己，而不是成為別人，才是最重要的。」接
下來，她決定扔掉客廳裡方便躺下的沙發。這才發現，原來客
廳是如此寬敞，足以容納一張大書桌。她還打算趁機換台新筆
電，升級家中的無線網路。她整理主臥室與客廳，還安排了時
間表，讓每個人都能使用客廳當成自己的書房。

每個女人的心中都有一位茱蒂絲

吳爾芙說莎士比亞的妹妹茱蒂絲還活著。

「我堅信這樣的信念：『埋在十字路口，未曾留下一行文字的那位詩人依然活著』。茱蒂絲活在你們每個人的心中，也活在我的心中，活在今晚忙著洗碗和哄孩子入睡，而未能來到這裡的眾多女性心中。她還活著。偉大的詩人是不會死去的，會永遠存在。她們只是需要機會走入我們的內心並擁有身軀。」

如今，這位偉大詩人的精神已經佔據柳科長的身軀，她希望這位詩人的精神同樣可以透過兩個女兒重獲新生。

柳科長將《自己的房間》重新放回原位，書上附了張便條紙，上面寫著：「希望你們一定要看這本書！」

7

去資本大海撈錢，離職創業不成反被破產拖累

讀梅爾維爾的《白鯨記》

你願意為內在追求付出到什麼程度？

當人們被問到為什麼上班時，十個人當中會有十個說是為了錢。這是多數人的回答。因為職場生活就只是為了賺錢，所以一旦有機會賺更多錢，人們會毫不留戀地告別一份工作。

但是，《白鯨記》的捕鯨人不一樣。對他們來說，捕鯨不僅僅是為了賺錢。儘管有更安全、更賺錢的工作，他們仍然選擇捕鯨。他們為何願意與洶湧的波濤和凶猛的鯨魚搏鬥？對他們而言，鯨魚意味著什麼？

有時，也許十分偶然，我們會想到職場生活的目的不一定是「金錢」。在危險的資本主義海洋中，你是否有自己想要追捕的鯨魚？如果有，你願意為了捕捉牠付出多大的努力或代價呢？

出逃國外帶來的意外之財與幸運

朴社長曾是普通上班族，他認為自己付出一百分的努力，但回報只有一分，於是決定辭職。他思考著：「我創造其餘的九十九分到底去了哪裡？」他堅信自己創業後，其餘的九十九分就能直接進入自己的口袋。

起初，他在大學附近開了一家文具店，販售筆記本與文具等，提供列印服務，店裡還有零食與飲料，給人一種綜合超市的感覺。但生意並不好，現在的大學生都用筆電或平板電腦讀書，利用數位檔案交換課堂筆記與考古題。他開始擔心自己的店最終會倒閉。但是某天，一個像他一樣缺乏創業經驗的朋友，願意支付頂讓金接手他的店。這對朴社長來說是一筆意外之財。

他將頂讓金外加貸款得到的錢，作為創業資金，搬到大學正門，新開了一家炸雞店。朴社長親自替這家店取了個響亮的名字：「想吃炸雞的日子」。也許因為店名取得好，每天都有學生光顧，他們說每次一到這家店就沒來由地想吃炸雞。開學派對、期末派對、期中考與期末考結束的日子，光是預約用餐店裡就已座無虛席。在韓日足球賽、奧運、世界盃、韓國職棒賽等大型比賽的日子，時常可見因座位不夠，不得不惋惜離開的客人。

　　多虧那些經常光顧店裡的學生幫忙，店裡的支出比其他店面低了許多。朴社長總是在嘴裡哼著歌曲，心想：「當初辭職真是明智之舉」、「剩下的九十九分就這麼進到我的口袋」。然而，COVID-19 疫情突然爆發。

　　疫情來勢洶洶，政府偶爾發放的津貼不足以補貼店面租金，遑論其他支出。實施「社交距離政策」超過六個月後，朴社長開始感到焦慮。正當他考慮轉行，他聽說身邊某些社長投資虛擬貨幣暴富的傳聞。

　　暴富社長們不約而同委託了某家投資公司，該投資公司的投資領域廣泛，包括韓國國內大企業的行動隨時取商品券、國外油田等。朴社長前往這家投資公司的辦公室，看見牆上掛滿顯示世界各地時間的鍍金時鐘，一看就是成功的國際投資公司。最引人注目的是虛擬貨幣，在這個低利率時代，虛擬貨幣顯示超過 200% 收益率的紅色箭頭蠱惑著每個人。朴社長募集了親朋好友和前同事的資金，盡數投入虛擬貨幣。他認為這是 COVID-19 疫情帶來的機遇。

　　但很快地，他曾尊敬的投資公司老闆就被他稱為「人渣」。最初幾個月，老闆承諾的收益穩定入帳，朴社長對那家投資公司充滿感激。誰知三個月後，口頭承諾付錢的投資公司一毛錢都沒付。這讓他感到痛苦不安，因為他需要支付朋友們的收益。他親自前往辦公室，為了讓朋友們放心，選擇放棄自

己的收益，轉而優先支付給他們，結果自己不斷負債。得知這個情況後，「人渣」並沒有採取措施解決問題，反而散布謠言稱朴社長是他們的合夥人，企圖在投資者之間挑撥離間。朴社長進退兩難，投資者之間甚至流傳著本金早已虧光的謠言。

最終，每個人似乎都已經預料到結果——投資公司老闆消失得無影無蹤。辦公室非但再也沒有出現他的蹤影，就連曾自信滿滿接聽的電話也沒有任何人回應。人們議論紛紛說道：「你應該報警」、「警察沒辦法處理這種情況，不如找黑社會解決」、「我查過登記文件，辦公室在別人名下」、「聽說他有七次詐騙前科」等等。

為了把信任他並借錢給他的朋友們的損失降到最低，朴社長四處奔波。原本 65 公斤的體重一下掉到 49 公斤，他的臉色變得黯淡無光。周圍的人都擔心他會作出極端選擇。最終，他下定一個決心。

他選擇傾家蕩產彌補損失，儘管金額遠遠不夠，但朋友們只能接受這個現實。這時，人在泰國的兒時好友聯絡了他，要他馬上前往泰國，說他必須徹底改變所待的環境才行。那位朋友四年前也因生意失敗而前往泰國。朴社長就像行屍走肉般搭上飛往泰國的航班。就算沒有朋友的邀請，他也不想在韓國多待一天。登機時，他手中緊握著一本《白鯨記》。

Moby Dick 的意義

《白鯨記》？朴社長想不起來為什麼這本書會在自己手上。他想了想，似乎匆忙離開考試院（譯按：韓國低廉的租屋形式）時，隨手抓了本最厚的書，打算用來打發飛行時間。為了抓住那個投資詐騙「人渣」，他賣掉房子，住進考試院。在這種情況下還會想看書似乎非常荒謬，但他需要些東西轉移注意力，否則他可能無法承受一切。

書本的封面設計看來讓人不寒而慄。一個醜陋的怪物，眼周布滿皺紋，眼珠子堅硬到能輕易彈開鋒利的魚叉。在投擲的魚叉之間，看起來像是捕鯨船上的水手們四處倒下。英文原書名「Moby-Dick」究竟是什麼意思？朴社長覺得如果能正確理解書名，會更容易理解整個故事。

無論如何，這是個奇特的名字。Moby-Dick 的 Moby 有「巨大的」之意，而「Dick」則是指「男性生殖器」，因此，Moby-Dick 的意思就是「巨大的生殖器」。問題是，這並不是一本刺激末梢神經的三流色情小說。作者起書名的意圖顯而易見，從表面上來看，莫比・迪克（Moby Dick）是頭抹香鯨，而抹香鯨的外型酷似男性生殖器。不過這就是全部的意義嗎？抹香鯨以體型大、速度快和兇猛而聞名，它們有時會攻擊捕鯨船。由於其強大的力量與迅捷的速度，令許多捕鯨船對它們的攻擊束手

無策。

在浩瀚大海和深邃的深藍色深淵中，一躍而出的抹香鯨，掀起巨大浪花，將水手們推向死亡。唯有捕捉這頭抹香鯨，水手們方能生存。他們之間的鬥爭不僅僅是為了謀生，更是一場場激烈的生死戰。究竟水手們為何選擇從事這種危險的工作呢？明明還有其他比較不危險的工作，人們真的能將海上對抗抹香鯨視為謀生手段嗎？朴社長完全無法理解水手們的心態。

如此看來，Moby Dick 不僅僅是一頭抹香鯨的名字。在廣闊無垠的大海中，隱藏著某種我必須捕捉的巨大存在。但問題是，我並不知道它在哪裡，即使知道，它也擁有足以殺死我的巨大力量與過人智慧，一不小心，送命的可能是我。Moby Dick究竟象徵什麼？朴社長一邊思考著，開始閱讀這本書開頭的第一句話。

經典的開篇句

「叫我以實瑪利。」

《白鯨記》的開頭是這樣寫的。以實瑪利？在基督教家庭長大的朴社長很快理解這個名字的含義。猶太人視亞伯拉罕為

信心之父，他有兩個兒子，一個是以撒，另一個是以實瑪利。以實瑪利是亞伯拉罕不相信神的應許，而與女僕所生的兒子。也就是說，以實瑪利的父親是信心之父，他卻是因信心之父的懷疑而誕生。以實瑪利的血液中流著「信仰」與「懷疑」。

　　然而，以實瑪利卻成了《白鯨記》故事的述說者。朴社長不禁笑了：「既然如此，我該相信這個人，還是該懷疑他呢？」他是因懷疑上帝而誕生的亞伯拉罕之子，也就是說，這個兒子並非上帝的選擇，上帝選擇的是以撒。以實瑪利是身為人類亞伯拉罕的選擇。朴社長不知道自己該相信開始訴說故事的以實瑪利的話，還是等待上帝的選擇──以撒開口。小說的第一句就將他拖入深海。

　　以實瑪利與被視為野蠻人的食人族「魁魁格」，一同登上了捕鯨船。與魁魁格的交流，讓以實瑪利逐漸意識到自己受偏見所束縛。基督教和西方文明讓他自視為文明人，並將魁魁格視為野蠻人。更進一步，他毫無根據地將自己視為優越的存在，把魁魁格視為低等的存在。但在傳統基督徒的眼中，以實瑪利是罪惡的產物。隨著時間過去，以實瑪利受魁魁格的精神與勇氣所吸引。

　　他們登上的捕鯨船名為「裴廓德號」。裴廓德是最早被白人徹底消滅的印第安部落之名。對於一艘負責海上水手生命安全的船來說，這名字極度不祥。數百年來和平生活的裴廓德部

落，某天被他們從未見過的白人殘忍殺害。裴廓德部落的人們被無辜殺害，就連婦女和兒童也不例外。裴廓德成了因不公而亡的冤魂名字。如此說來，裴廓德號不是生者之船，而是死者之船……在朴社長看來，裴廓德號就像是漂浮在海上的公墓。這難道不是預示這些水手的命運嗎？

吸引我的那股巨大力量

讀到這裡，朴社長逐漸理解《白鯨記》書名的意義。以實瑪利、魁魁格、裴廓德這些名字都是被基督教、西方文明與白人等既得利益團體，所忽視或扼殺的名字。僅憑基督教、西方文明或白人身分，無論男女都能享有特權嗎？

不，必須是男性。在人類歷史上，所有無端享受巨大特權的都是男性。陰莖不就是象徵著僅憑男性身分，就享有各種既得利益的群體嗎？在這種情況下，巨大的生殖器，也就是莫比・迪克，或許指的是人類盲目服從的三位一體虛假權威——基督教、男性與白人。

朴社長放下了手上的書，沉思片刻。他反思自己一直以來未曾懷疑地接受和尊重的力量，以及他也渴望擁有的力量。最先浮現他腦海中的就是「金錢」——在資本主義海洋中自由暢

遊的力量，以及能夠掌控任何人的力量。要獲得這種力量，需要不惜付出一切代價。「我是從何時開始將金錢力量當作人生目標的？這會不會只是個幻影？而追逐幻影的我，是否也成了另一個幻影？」

他偶然翻到被某人畫線的段落：

> 「在這個地球上，也許所謂的『幻影』才是我們真正的實體。當我們注視靈性之物時所感受到的，可能就像深海中的蛤蜊望著太陽，將混濁的海水視為最清澈的空氣一樣。」

以惡人之名的反思

亞哈是裴廓德號的船長，他一直追捕著莫比‧迪克。朴社長再也無法對小說中出現的名字視而不見。亞哈是聖經中出現的邪惡國王之名。

「亞哈？不就是不聽從神的話，崇拜偶像的壞國王嗎？要是莫比‧迪克是不正當既得利益群體的象徵，那麼冒著生命危險捕捉牠的船長，難道不是偉大的人物嗎？但為什麼這偉大之人的名字會是亞哈？」朴社長再次將思緒集中在這個名字上，

作出以下解讀。

　　也許作者是故意違背常識，替角色命名。不正當既得利益群體的信念背後為「全能的神」，然而實際上，神並不存在。神只不過是既得利益群體為了保護自己而虛構的謊言。那些高呼「神並不存在，一切都是謊言，我們被欺騙了」的人都是勇敢的。不過，對於相信「神是存在的」、「神是全能的」、「神愛世人」的人來說，真誠、勇敢的人們與惡魔無異。對於受既得利益群體話術欺騙的人們，勇敢揭示真相者是如亞哈一樣的惡人。

　　這時，朴社長想起柏拉圖的〈洞穴寓言〉（Allegory of the Cave）。故事中，人們被困在洞穴裡，只有一個人可以看到洞穴外的世界。那個人回來試圖告訴洞穴裡的人真相，但一生都只生活在洞穴中的人，不可能相信他的話。因為如果他所說為真，那麼他們迄今為止建立的一切都將成為謊言。因此，人們急於封鎖真相之口。

　　對於洞穴裡的人而言，現在什麼是真實的已經不重要，重要的是，支持他們的信念，使之繼續成為現實。哪怕它是虛假的，只要人們相信它是真的，就不會有任何問題。只要能堅信自己的信念，隨時都可以消滅說出真相者。那些動搖我信仰的人，他們的名字就是惡人。

能否離開幻想島？

> 「這片令人感到顫慄的可怕海洋，就如同茂密的綠色
> 植被環繞著陸地一樣。人類靈魂中也有一個和平與快樂的
> 偏遠島嶼——大溪地。但人們對這座島嶼半知半解，它被
> 未知的生活恐懼所包圍。願上帝保佑你！永遠不要離開那
> 座島嶼！一旦離開就永遠無法返回！」

每個人都希望在自己的幻想島過著和平與快樂的生活，
認為「我確實存在於此」、「我很幸福」、「我是個好人」。但
是像亞哈一樣，遭受過不可抹滅的傷痛與恐懼後，就永遠無法
這樣生活。亞哈在與莫比·迪克的第一次戰鬥中失去一條腿。
他的腿留在抹香鯨腹中，悲慘地返途。回程中，他一次又一次
誓言復仇。與此同時，他僅是知道莫比·迪克存在茫茫大海某
處，就足以恐懼得牙齒打顫。

然而，亞哈決定離開那座虛假的幻想島。他渴望親手抓住
生命最深處蠢蠢欲動的東西——復仇的對象，恐懼的源頭。在
殺死「它」之前，他無法做自己。他必須向使他成為幻影的虛
假光芒投出自己的魚叉。

因此，亞哈瘋狂地追捕莫比·迪克。他的瘋狂遠遠超越捕
鯨發大財的目的。

「他將所有的邪惡根源歸咎於白鯨，瘋狂挑戰牠。他不顧自己殘疾的身軀，勇敢與之對抗。發狂的亞哈將所有讓人瘋狂、折磨人的；所有攪動沉澱的、恨意的；所有含有邪惡的真理；所有會讓身體疲憊與大腦僵硬的；所有影響生命與思想的邪惡，用莫比‧迪克具體化。因此，這個萬惡之源變成可以攻擊的實體……白鯨對他們來說到底是什麼？在他們的潛意識中，白鯨或許就像在生命海洋中游弋的龐大惡魔。」

在那些被欺騙者的眼中，試圖殺死神聖白鯨的亞哈如同惡人。在這個自信滿滿的惡人眼中，偽裝善良面孔、如天使般純潔的白色鯨魚欺騙著人們，但對他來說，看起來就像是惡魔。亞哈不在乎人們稱自己為惡人，他承認自己的瘋狂。然而，如果不是瘋了，他大可像其他人一樣安逸地活著然後死去，何必過得這麼辛苦？

人類的真正本質

義肢讓亞哈行動蹣跚，但他的靈魂卻堅定不移。他不斷地磨利魚叉。他不在意安逸的生活和生命本身，只想保護自己的

真正本質。他深知能與這個世界對抗的、唯一能拯救自己的惡人，只有自己。

　　「無論是白鯨、人類，甚至是惡魔，都無法觸及這位
　年邁亞哈的真正本質。」

　　朴社長覺得亞哈彷彿是他自己。亞哈穿梭太平洋追逐抹香鯨，而他則徜徉資本主義的海洋追逐金錢。他發現自己與亞哈沒有什麼不同。亞哈在失去一條腿後，被復仇的狂熱以及對死亡的恐懼糾纏，而他則是在金錢與人性的欺瞞中，失去生活的意義與熱情。他曾以金錢與人為藉口，但真正撕裂他的是自身慾望。他曾相信金錢能使生活變成天堂，然而實則只換來傷痕、罪惡感與虛無。

　　他自問：「我真正的本質為何？」若我放棄安逸舒適的生活，甚至失去生命，我是否有值得自己守護的生活價值與意義？我最終要找到並克服的莫比‧迪克是什麼？為了尋找莫比‧迪克，我能否再次出發，航向人生的洶湧大海？

我們人類彼此就是連體嬰

　　朋友在機場迎接朴社長，一見到他就緊緊擁抱他，不斷地說：「ไม่เป็นไร。」這是泰語中的「沒關係」。當遇到大事時，泰國人會用這句話安慰對方，意思是「沒什麼大不了的，沒關係！」這也是樂觀豁達的泰國人經常掛在嘴邊的話。

　　如今，朴社長來到泰國已經十五年。在這裡，他經歷各種事情，大大小小的成功與失敗像波濤般來回湧動。每次他都會唸著「ไม่เป็นไร」。他已結婚生子，家庭的愛不斷充實並妝點著他的心，他領悟到自己的本質，也發現了自己需要為之奮鬥與戰勝的事物。以實瑪利的領悟對他產生不小的影響。

　　「我意識到自己的處境和所有活著的人的處境一樣。但與我不同的是，大多數人都以某種方式與許多人相連，就像連體嬰一樣……我們永遠不該忘記的事實是，無論多麼努力掙扎，我所能掌控的只有繩索的一端。」

　　朴社長無法忘記過去自己頂讓文具店的經歷。那段他以為是意外之財，內心高呼「哇」的記憶隨之浮現。我們每個人都以某種方式像連體雙胞胎一樣相連。他想著「當時在我的人生中，只顧著自己的利益，我與投資公司老闆也是那樣子相連，

但對方只是顧著自身利益，鬆開了支撐我的繩索而已。」

「現在在泰國遇到的人，我不會再那麼做了。我努力不忘記所有活著的人，都處於相同處境。重要的是，永遠記住，我們所能掌控的只有繩索的一端。」

朴社長緊緊抓住手中繩索的一端。因為他明白若放手，有人將墜入死亡的海洋。但繩索的另一端則掌握在他人手中，朴社長相信，對方也會堅定地握緊繩索。

8

學經歷低深感人微言輕，
怎樣對抗職場不平等

讀桑德爾的《成功的反思》

差別待遇、公平與功績主義

　　韓國社會中,「學歷」、「證照」、「考試成績」或「名次」等,仍然是不可忽視的重要評價指標。即使做同樣的工作,一旦知道對方畢業於名牌大學,也會對他另眼相看。你可能不自覺地根據對方學歷、是否有資格證書或任職公司等評價對方。這些標準比頭銜更頑固地跟隨著人們。無論一個人取得什麼成就,是怎樣的人,似乎都不重要。

　　人們通常認為考試成績、名次等是「最能公平評價一個人能力的結果」。可是,《成功的反思》作者邁可・桑德爾提出:這種競爭性的功績主義(meritocracy,或譯績效主義、才德制、用人唯才)只是一種錯覺。

　　你可能會認為:「按個人能力獲得認可,這有什麼不好?」果真是這樣嗎?「能力」真的是透過公平評價獲得的嗎?為什麼桑德爾說這並不公正?我們為何有這個信念?

「憑什麼我要做！」

公司首位女性留學生，而且還是美國哈佛 MBA 畢業，她正在哭，積壓的淚水終於潰堤。她咬緊嘴唇，努力不讓情緒淹沒自己。岌岌可危的情緒似乎要隨著淚水爆發。她顫抖地緊握小巧的拳頭，勉強支撐住身體。淚水溼潤了喉嚨，當她清醒過來的理智銳利地睜開雙眼。現在是該問清楚一切的時候了。

「我明白至少要三個月的實習期，才足以全面了解公司業務，因此我讓步了。但現在我已經成為正式員工，我有自己的職責。送報紙誰都能做，所以一直交給高中畢業的員工負責。但我是海外留學回來的，還擁有管理學碩士學位。僅僅因為我是最年輕的女性員工就要負責送報紙，這合理嗎？讓我利用送報紙的時間做更專業的工作，不僅對公司有益，對社會也是好事，不是嗎？按照個人能力做相對應的工作，不是才公平嗎？為什麼我要做這種雜務？難道我是高中畢業生嗎？」

最後一句話揪緊了秦科長的心。秦科長畢業於一所著名的女子商業高中，那是當時的頂級名校。一想到為了代替生病的父親而獨自承擔家計的母親，她能順利高中畢業已屬萬幸，連大學的「大」字都不敢提。學校的學長姐們都輕鬆地進入銀行工作，秦科長選擇了比銀行更穩定，待遇更好的工作。問題在於，即使她已經工作 18 年，卻因為基於學歷的薪水差異與組

織文化歧視，高中畢業的標籤依然跟隨著她。

　　如今，像她一樣畢業於女子商業高中的新員工已不復存在。與大學畢業的員工相比，無論是在薪水或晉升上，她始終處於劣勢。她的薪水比大學畢業的男同事低，升遷慢。這種職場遭遇，被解釋為因男同事的兵役經歷也算作工作經歷。儘管對此她有很多話想說，但最後都忍下來了。假裝一切都很好。

　　可是為什麼比她晚進公司的大學畢業女同事，薪水反而更高呢？在過去 18 年，她不是比任何人都勤奮工作嗎？即使生病，也忍著病痛，誓言對公司鞠躬盡瘁。她的績效評估表現也很優秀，究竟是什麼原因導致這樣的情況？

　　在送報事件發生後的某天，總務組組長悄悄叫住秦科長，問她是否能負責送報紙去高層主管辦公室的工作。秦科長傻住了，每當有女同事辭職，她不得不接手的工作不僅是送報紙，還包括整理辦公桌、茶水間，照顧盆栽等等，這些原本由最年輕的員工所做的瑣碎事務全都落在她身上。

歧視學歷有道理嗎？

　　「究竟是什麼原因導致這種情況呢？」秦科長默默自問。長期以來，她獨自苦惱。直到有一天，她從總務組組長那裡聽

到答案，原因很簡單。

「現在公司裡高中畢業的員工只剩下你一個，秦科長。」

現在只有她是高中畢業的員工……她一直堅信，只要認真工作，總有一天公司會認同自己。然而，現在她覺得自己像個傻瓜，一味地默默工作。公司其實早知道秦科長會如何結束她的職涯，只是大家都在她背後保持沉默而已。

她感到非常委屈，腦海中浮現那位擁有海外 MBA 學位後輩的憤怒眼神。後輩用盡全身力量表達自己無法言喻的不公，那股力量從何而來？不公平！不平等！這些都是秦科長長期以來深切體會到的。那她是如何忍受這種歧視與不公的呢？

秦科長周圍總是充斥這樣的聲音：「社會本來就是如此」、「覺得委屈就努力出人頭地」、「現在去上大學不就好了？」這些聲音傳達的共同觀點是「韓國社會給予每個人公平的受教機會」。所以，「根據學歷差別對待是合理的」；所以，「在這場競爭中落後者就會失去自己應得的權益」；所以，「現在去彌補一切吧，遊戲是公平的」。這個「所以」似乎會永遠持續下去。

正當她努力擺脫這些聲音的糾纏時，響起手機簡訊的提示音，通知這個月補習班學費支付完成。秦科長體內一股被遺忘的熱情湧上心頭。她決心讓女兒上大學，要是可以的話，最好是名牌大學，甚至送她出國留學。

　　至少她要盡力讓女兒不被貼上高中畢業的標籤。秦科長不自覺地深吸一口氣，彷彿是第一次品嘗那熱烈激昂的空氣，緊閉著雙眼，細細品味。

　　功績主義！秦科長也將功績主義視為理所當然，對「功績主義是公平的」觀念未曾有過絲毫懷疑。她只是不滿自己因能力不足而受到的待遇。因此，她希望女兒能在這個公正的功績主義社會中，用正當手段獲得成功。

　　這正是無論多麼困難，她總是先繳清補習班費用的原因。秦科長不能在這個問題上止步，儘管沒有大學學歷，但她想向女兒展示自己在局限的環境裡盡力而為的模樣。她希望至少成為不使女兒羞愧的母親。

　　秦科長繼續挖掘內心深處的動力。許久以來，她第一次覺得自己必須買本書，於是打開網路書店的應用程式。在快速滑動手機時，她的目光突然被一本書的奇特標題所吸引——《成功的反思》。

　　秦科長被副標題「功績主義真的為所有人提供了平等機會嗎？」（編按：此為韓文版本的副標）深深吸引。看到這本書的行銷宣傳文案，她這才知道作者是哈佛大學教授邁可・桑德爾，他同時是暢銷書《正義：一場思辨之旅》（*Justice: What's the Right Thing to Do?*）的作者。這不就是那所了不起的哈佛大學嗎？她立刻下單訂購了書籍。

功績主義不如你以為的公正

「我的父母塞給遊艇隊教練一筆錢，多虧如此，我才能進入史丹佛大學」。

即使是最無恥的人也不會如此公然揭露。2019 年，美國發生一起轟動一時的名校錄取舞弊案。當時，大多數父母都對子女隱瞞這種舞弊行為。他們為何不能光明正大地說出來呢？

在這個以功績主義為原則的社會中，勝利者必須相信「我是憑藉自己的才能與努力站在這裡的」。

公平社會只是一場夢，現實並不公平。真正的問題是，這種不公平的現實是否有充足理由。這裡所說的充足理由指的是道德上的理由，也就是正當理由。否則，人們將因憤怒而爆發或因無力感而委靡，社會無法維持下去。功績主義給了人們正當的理由。機會是平等的，過程是公正的，結果取決於個人能力！在公正的競爭中，獲勝理由只有一個：你的卓越能力！功績主義的道德基礎正是根基於此。

入學舞弊家長們所竊取的，正是對這種公正勝利和道德能力的認可。這是用金錢買不到的。這也是即使有捐贈入學制

度，他們仍選擇舞弊入學的原因之一。捐贈入學畢竟是由金錢換來的，他們的子女們無法自豪地成為公正的勝利者或有道德能力者。與個人能力相比，父母的金錢在道德上並不光彩。

秦科長已經理解這一點，但她仍然不覺得功績主義有何不妥。「機會平等，過程公正，根據能力獲得結果有什麼問題嗎？」她無法理解功績主義究竟問題出在哪裡。

> 認為應該獎勵才能與努力的制度，讓勝利者覺得自己的成功完全來自自身努力，會成功是因為自己優秀。這也讓那些運氣不好的人顯得微不足道……處於階層頂端的人認為自己有資格掌控自身命運，而處於底層的人也應該承受他們的命運。

看到這裡，秦科長從沙發上站了起來，她想起哈佛 MBA 畢業的新進員工的憤怒眼神。她剛剛意識到那股理直氣壯的怒氣根源，以及自己感受到深深屈辱的原因。在功績主義中，不僅是勝利者看不起失敗者，失敗者同樣輕視自己。在功績主義競爭中落敗者，充滿了自我厭惡。他們自責地認為，在這場公平的遊戲中落敗，責任全在自己。

秦科長也是如此。某種程度上，她認為自己因為學歷低遭受歧視是理所當然的，並將所有責任扛在自己身上。她沒有怪

自己家境不好，也沒有責怪國家。她相信只要努力生活，好日子總有一天會來。

然而，好日子遲遲不來，她不希望女兒也生活在這樣的世道，因此熱衷於送女兒去各種補習班。當她實在無法容忍時，曾考慮上夜校或普通大學，卻又因每天兼顧工作與家庭，晚上早已筋疲力盡而放棄上大學的夢想。秦科長自責自己意志薄弱，認為自己受到不公正對待也是活該。每當她放棄夢想、感到自責時，她對女兒的期望就會加深。

既然如此，那些在功績主義競爭中獲勝的人呢？他們是否充滿自信與擁有強大自尊，過著幸福快樂的生活呢？

> 在「能力」戰場上倖存者就是勝利者。但他們是帶著傷痕的贏家，我從我的學生們身上知道了這一點。長期以來，他們不斷跳過燃燒的火圈，這種習慣不容易改變。許多孩子仍在掙扎，他們在大學生活中無法思考、探索，無法深思「我是誰，我該做什麼才能過有價值的生活」，而是不斷戰鬥。驚人的是，很多孩子正患有精神健康問題……根據調查結果，五名大學生中有一人在過去一年考慮過自殺……他們死於自殺的人數超過死於他殺。

書頁上浮現出女兒疲憊的臉孔，而在她的背後，有無數

的孩子蒼白倒下的臉孔。秦科長想起新聞中曾提過，青少年死亡原因連續八年第一位是自殺。根據 2020 年與青少年相關的統計數據顯示，每十名學生中就有四人每天休閒時間少於兩小時。隨著年級升高，他們的憂鬱感也在增加。自 2016 年以來，他們補習的時數一直持續增加。

秦科長的女兒小時候會去朋友家玩，也會帶朋友回家。

「你一直和朋友玩，什麼時候才要讀書？有先寫完功課才玩吧？什麼？沒寫？你把我的話當耳邊風嗎？這已經是第幾次了？你想逼瘋媽媽嗎？」

經歷這種荒謬的斥責後，秦科長的女兒開始變成獨行俠，那時她才剛上小學五年級。秦科長像失去理智般對女兒大聲哭喊的那一天，正是擁有大學學歷的後輩比她先升職的日子。

能力也是運氣

當秦科長還帶有高中生氣息的新人時期，在教育組工作二十多年的韓部長這樣抱怨過。我不知道他是知道有人在才故意自言自語，還是真的在自言自語。

「世界上最可怕的人就是幸運的人。單憑實力是絕對贏不了運氣好的人。」

　　韓部長知道，實力與運氣必須共存。但是他的話中帶著不滿，實力是他的責任，但運氣不是。因此，他認為不在自己掌控範圍內的運氣，決定了自己一些事是不公正的。韓部長將運氣視為無法掌控，需要警惕或擔憂的事物。

　　相比之下，桑德爾認為，正是因為運氣，我們才能保持感激與謙卑。然而，沉迷於功績主義的人認為，成果完全憑藉自己的能力。一旦提到共同體、神或運氣，他們彷彿在看待原始人一樣。

　　「共同體？神？運氣？唉唷喂～你到底活在哪個年代？」

　　他們過度自信地認為，除了自己之外，沒有任何人事物能影響自我能力，因此他們變得自大狂妄，失去對社會共同體的感激與謙卑。

　　然而，一個人遇到好父母，繼承優秀的 DNA，這能算是他的實力取得的成就嗎？他處於有利優秀 DNA 發展的教育環境，這是因為他具備的實力嗎？出生於特別重視讀書天賦的社會，這是他自身能力帶來的結果嗎？憑藉足球、歌唱等幾項特殊才能賺了數十億，這僅僅是因為他的能力嗎？所有運作良好的成果，真的都是因為他的實力？

　　秦科長回顧自己的一生。她很快意識到，從出生到現在，她從來沒有管理或承擔一切責任。她的出生要感謝父母；生病時有醫院和醫生；上學時有老師和教科書；上學的路是平

坦的；外出時能輕鬆乘坐大眾交通工具；市場上應有盡有。秦科長無法否認運作良好的一切事物，讓她得以讀書、成長和生活。她沒有厚顏無恥地說：「花在這些東西上的錢，都是我靠自己實力賺來的，所以理所當然享有這些權利。」

桑德爾提出這樣的問題，功績主義同樣基於運氣。尤其是在勞動市場上，薪資的決定方式並非來自道德價值判斷，而是由需求與供給的偶然匹配結果所決定。

儘管如此，人們仍認為薪資是根據能力給予的報酬，因此是合理且恰當的。更準確地說，我們認為自己的收入是基於公司的功績主義規定計算，因此相信其他人的收入也是合理決定，不再深入討論。偶爾新聞報導有人領著天文數字的薪水時，我們只會和自己的薪資比較，感到羨慕，而不會深入思考那個人為何能賺這麼多錢？這真的僅僅是他的個人能力所達成的成就嗎？

桑德爾引用自由市場經濟之父海耶克（Friedrich August von Hayek）的話，強調經濟報酬與道德評價之間沒有任何關係。

從一開始，經濟報酬、個人能力與道德評價就應該被視為完全無關……這些價值取決於需求與供給相合的偶然一致性……為了支持此觀點，海耶克表示「我所擁有的才能恰好被社會賦予了高度價值，這並非我個人努力的結

果，也不是道德問題。它僅是運氣的結果。」

桑德爾指出，這種功績主義的神話對父母與學生的影響極為深遠，並引用《時代》（*Time*）雜誌 2009 年 11 月號的封面文章：

〈父母越界的養育行為弊端：父母為什麼現在應該放手〉文章表述如下：「我們過度沉迷於子女的成功，使得養兒育女變成某種產品的生產過程。」

秦科長在「養兒育女變成某種產品的生產過程」這句話面前，啞口無言。她想起自己一度著迷的韓國電視劇《SKY Castle 天空之城》（編按：上流社會家庭為了培育子女成為二代貴族的故事），意識到自己無法批評劇中人物。因為她也迫於功績主義的壓力，想將女兒塑造成高薪「產品」。

接下來的文章揭示了，這不僅是秦科長的個人問題。

儘管過去幾十年裡，許多國家的父母對子女干涉日益增加，但最嚴重的仍舊是不平等最明顯的地方，例如美國、韓國那樣的國家。

「韓國那樣的國家」是怎樣的國家？

　　秦科長在公司洗手間聽見新員工們提到人資部某位員工，來自「地方破大」（譯按：對於首爾以外大學的貶義詞）。她急忙搜尋「地方破大」一詞，意思是「非首爾地區、位於遍遠地方不重要的大學」。搜尋結果還顯示這樣的文章：「我們學校是地方破大嗎？」、「透過『隨時招生』（譯按：類似臺灣的推甄）考進地方破大」、「請幫幫地方破大的學生」。這些文章點明了學歷導致社會歧視。

　　「原來大學不全是一樣的，大學裡也有地方破大。那像我這樣的高中畢業生，在她們眼中又是怎樣的呢？」秦科長發現自己陷入接連不斷的負面思維中，很難停下來。她覺得太丟臉了，只想躲起來。

　　受功績主義束縛的不僅有新員工，秦科長清楚記得，某天在公共醫學院設立與否的激烈辯論中，朋友發給她下頁的一張圖表。

　　這就是公共醫學院的形象——建立於學校成績和醫生能力成正比的假設上。令人驚訝的是，這個形象是針對大眾宣傳而塑造的。反對公共醫學院的人似乎相信，廣泛傳播這個形象，大眾將支持他們的立場。他們深陷於功績主義中，認為考試中答對更多題目，無論那個人從事任何職業，都是其能力的客觀

> **當你需要接受會危及生命的診斷時，**
> **假如能選擇醫生，你會選哪一位？**
>
> **Ⓐ**　學生時期全力以赴讀書，永遠是全年級第一的醫生。
>
> **Ⓑ**　雖然成績不夠出色，但仍然懷抱醫生夢，透過推薦制度進入公共醫學院的醫生。

證據。按照這種邏輯，人工智慧機器人成為「神醫」的那天很快就會到來，因為機器人不會犯任何錯誤。更令她震驚的是，塑造這種形象的是手握患者生命與治療疾病的醫生。她希望只有極少數醫生持有這種想法。

　　韓國也有類似新聞。韓國教育部聲稱，「因為學歷歧視是合理的，所以應該排除於正在討論的《反歧視法》（Anti-discrimination Law）之外。」另外，教育部補充說明，與「性別」、「年齡」、「國籍」、「殘疾」等先天決定的因素不同，「學歷」在很大程度上取決於個人的選擇與努力，因此在法案審理意見書寫下：學歷歧視應視為合理。

　　要驗證教育部的主張是否正確，可能需要實現柏拉圖在《理想國》（*Res Publica*）中想像的理想國。在理想國中，父母不知道自己的孩子是誰，也沒有孩子知道自己的父母是誰。公共教育由國家全權負責，他們消除所有可能干擾學生評價的因

素，諸如父母的社會地位、出生地區、資產等。理想國的公共
教育涵蓋音樂、體育、詩歌、數學、哲學等多個領域。當然，
不存在私人教育。看到教育部的主張，秦科長諷刺地說，按照
這個邏輯，韓國已經實現了柏拉圖式的公共教育吧。「總之，
韓國就這副德性……。」

工作的尊嚴

　　我們需要重新思考，在眾多事務中，我們更重視的是
什麼……學習成為水管工、電工、口腔衛生師等過程，應
該受到尊重。因為那是一個對公共利益作出貢獻的過程，
不應視為是因為 SAT（編按：美國廣泛用於大學入學的標準
化考試）分數較低，或沒有足夠經濟能力進入常春藤聯盟
（Ivy League）大學的人無奈選擇的出路。

　　秦科長思考著，「我更重視的是什麼工作？」就像桑德爾
所說的那樣，是對公共利益有貢獻的工作？還是高薪工作？她
沒花多久時間就得到答案。在韓國，有誰會否認對公共利益有
重大貢獻的工作，所能獲得的報酬以及社會認可度都相當低的
嗎？提到對公共利益有重大貢獻的工作，她想起去年夏天自尊

跌到谷底時，所學到的人生寶貴意義。

在感覺溫度高達 40 度的炎夏，秦科長每次扔廚餘都不得不捏著鼻子，面露厭惡之色。放了幾天的廚餘垃圾散發腐爛氣味，不停滴著臭水。一手拿著垃圾桶，另一手摀著鼻子的自己看起來很淒涼。巷子裡堆積的垃圾就像是公司的自己。現在已經變成腐水的鯖魚，一個月前還在東海裡遨遊，充滿活力，而自己也曾是充滿夢想與活力的生命。

在人的一生中，飲食這件事占了八成，而我們所吃進的八成食物是其他生命。秦科長非常沮喪，想著「我有資格咀嚼、吞下牠們嗎？」當她情緒低落之際，巷中出現一股隱密卻偉大的能量。這股能量是黃色的，發出細微聲響。不久，一個沉重的垃圾桶裝上了輪子，穿梭於巷弄中。收集廚餘的垃圾車大叔來了。

他敏捷的步伐毫不畏懼地朝堆積如山的垃圾走去。大步走向垃圾桶的他，將垃圾桶高高舉起。原本兩人才能完成的工作，現在他獨自完成。一放開方向盤他就急忙下車，無動於衷的表情與手勢加倍彰顯了他的忙碌。垃圾車大叔似乎用全身訴說著人生與工作。人生本就是艱難的，並不是我們做錯了什麼，所以我們要勇敢生活。而生活是短暫且美好的，所以自責是不值得的。

既然如此，如果我的人生能養活或振奮他人，那不是更

好嗎？

秦科長宛如醍醐灌頂，就在這時，垃圾車大叔早已渺無聲息地回到卡車上。卡車在狹窄的小巷中又前進約十公尺。大叔還在繼續工作，他在路燈下的身影就像一副傑作般銘刻在她的心中。

桑德爾指出，功績主義正在削弱工作的尊嚴。他認為，工作不僅是經濟活動，同時是文化的一部分。它既是謀生方式，也是獲得社會認可與聲望的來源。當人們的工作不再受到社會尊重時，必會增長不滿與仇恨。秦科長思考著，這或許是造成我們生活變得更加艱難的更大原因。

> 我們做出貢獻的真正價值，無法只憑獲得的薪資來衡量。薪資受到供需的偶然情況影響，而貢獻的真正價值則在於我們努力追求的目標的道德與公民意義。

秦科長自問為何努力？該目標是否具有道德與公民意義上的重要性？她默默吞嚥口水，沒來由地想起一直在大學擔任清潔工的母親。母親總是自豪地說，她打掃的是韓國最聰明的孩子讀書的地方。她常說，乾淨的教室能讓學生健康，而健康聰明的學生能使韓國更健康、更聰明。母親的目標顯然具有道德與公民意義。儘管如此，對於無法把成績優異的女兒送進大

學，母親總是沉默以對或不發一語地離開。

　　打破障礙是好事。沒有人應該因為貧窮或偏見，而被剝奪成功的機會。但一個美好社會並非僅憑「有機會逃脫」的口頭承諾就能實現。

　　「你是如何從這樣不公平、殘酷的環境中逃脫出來的？有什麼祕訣嗎？」

　　秦科長不知道是誰先提出這個詞彙，但韓國人稱呼自己的國家為「地獄朝鮮」。在這樣的地獄中，儘快逃脫似乎是唯一答案。因此，我們爭相向那些成功逃脫的人們詢問逃脫祕訣。不知為何，答案總是「讀書」與「上優秀的大學」。

　　所以，人們將這些祕訣轉告給孩子，告訴他們只要跟著做，就能像那些人一樣逃脫。「所以相信媽媽，用功讀書吧。」在因學歷而受到歧視的日子裡，秦科長甚至會補充說：「不要活得像媽媽一樣。」

　　然而，一個需要逃離的社會不是好的社會。在這樣的社會裡，若有人認為「還沒逃出來的人是活該」，我們不能稱那些人為「成功人士」。儘管有些工作看起來不起眼，收入也不高，但為了國家正常運作，有些工作是不可或缺的。

　　迄今，仍有許多人時時刻刻都在默默完成那些工作。若

「社會的認可」以及「成功的榮譽」是我們能給予的事物，他們應該得到回報。更進一步，國家應該要介入，確保這些人能夠享受與他們所做社會貢獻相符的生活。由於市場機制已經被利益集團和不正當手段的操縱所左右，政府不能僅將這些責任留給市場處置，國家應當介入，提供相對應的回報。這樣的社會才是健康、明智的社會。

當秦科長想到這裡時，她接到母親的電話。母親表示原訂今天的晚餐之約要推遲到明天，哭著說自己的同事在打掃時死於學校大樓裡。在這酷熱的天氣裡，同事獨自打掃沒有電梯的四層樓房，而自從 COVID-19 疫情爆發以來，那棟大樓每天丟出超過六個 100 公升的垃圾袋。母親曾經沉重地問過秦科長，她負責打掃的大樓叫什麼名字，英文與漢字怎麼寫，也問過那位去世同事負責的大樓名稱。

這件事連續多日成為新聞頭條，關於真相的爭論不斷。但就像往常一樣，新聞隨著時間消失於電視上，也逐漸淡出人們的記憶。母親因此病了好幾天，怨嘆沒受過教育、無權無勢的人又能如何呢？母親對工作的自豪與感激蕩然無存。秦科長在母親身上看見自己的影子。弱者總是在背後嘆息，這樣的態度勢必無法與沉迷於功績主義的人相抗衡。

第二天，秦科長找上了總務組組長。她列舉出那些無人認領的工作，並逐一解釋自己長期以來如何處理那些工作。她用

顫抖但堅定的語氣明確表示，那些工作理應有合理的報酬，並且對未來應該由誰負責這些工作提出自己的看法。

　　同時，她要求公司的薪資規定中刪除關於學歷的歧視內容，否則她將透過多種管道推動改革。總務組組長沉默地記下她的意見，承諾會將此意見列為下個月高層會議的首要議程，進行討論。

9
掌握財經知識增加財富，早日退休當 FIRE 族

讀張夏準的《拚經濟》

讀經濟學能幫我們賺到錢嗎？

假設有人偷偷看著智慧型手機，突然深深嘆了口氣，那個人很可能在看股市行情。微薄的薪水和高昂的房價讓勤奮的工作者變成「乞丐」，讓愈來愈多上班族沉迷於股票投資。

人們愈來愈關注「金錢」。很多人詢問要如何賺錢卻很少人問為什麼要賺錢。有人甚至反問：錢不是愈多愈好嗎？現在，賺錢已經超越問「為什麼」的問題，成為不容質疑的目標。

像楊代理這樣的人現在也拿起《拚經濟》一書。追求金錢、最終損失慘重的楊代理，拿起這本書是為了學習如何有效賺錢。畢竟，了解敵人是致勝的前提。但楊代理真能透過學習經濟學而賺到錢嗎？我們為什麼需要賺錢？經濟學究竟是為了什麼存在呢？

夢想成為 FIRE 族

楊代理是準 FIRE 族。可能有人誤以為「FIRE」的意思是解雇，還同情地想：「真可憐，這年頭有人被解雇，他一定性格上有缺陷吧？」要是你這麼想，我建議你趕緊查一下 Google 大神。根據 Google 解釋，「FIRE 族」指的是希望財務獨立，提早退休的人。為什麼叫「FIRE」呢？這是「Financial Independence, Retire Early」（FIRE，財務獨立，提前退休）的首字母縮寫。倘若要讓詞彙多添加一層象徵意義，FIRE 族就是那些在無意義、腐敗的工作環境中，如烈火般燃燒自己，爭取迅速將自己「解雇」的人。這麼一看，這個詞彙的創造極其巧妙。

楊代理今年 32 歲，他從 29 歲就開始認真準備，懷抱著 39 歲提前退休的目標。他並非一開始就夢想成為 FIRE 族。他原本計畫適應公司後，在公司安穩度過職場生活。然而，有兩件事促使他想成為 FIRE 族。

一件是新員工培訓期間，公司代表理事融合耶穌、佛陀與孔子的教誨，高聲講述企業社會責任與顧客感動管理（譯按：韓國管理中的特殊概念，有別於傳統的客戶關係管理〔CRM〕，「感動管理」強調給顧客感動度〔customer delight〕）。然而，這位理事日後因財務造假，遭到法庭拘留。那時楊代理感受到的背叛無以言表。他曾決心以那位理事為終身導師，忠誠追隨。這反

而成了證明楊代理有多麼天真的小插曲。

　　另一件事是他最敬重的前輩蒙受不公平待遇，被迫離職。在準備培訓期間，由於掉落的天花板，造成前輩肩膀嚴重受傷。然而，經公司勸說，前輩並沒有申請工傷賠償，僅僅以「實報實銷」方式處理，得到遠遠不足以補貼支出的醫藥費。前輩至今仍受那次受傷的後遺症所困擾。

　　有天，從總公司退休的某人，加入公司，當了本部長。那名本部長實行所謂的「學緣管理」（譯按：在職場上，對同一所大學畢業的人多加關照）。有傳言說，不是畢業於 S 大學經濟系就別想升職。儘管前輩的業績出色，但他不是 S 大學畢業生，因此在晉升中屢屢失利。當前輩詢問原因時，答案重擊了他。「因為你的肩膀後遺症，無法克盡組長職責、領導組員，不是嗎？」

　　要是公司有像 Google 一樣的制度——想升職的人舉手，那麼前輩肯定是第一個舉手的。能夠自薦升職組長，需要工作能力與同事們的積極支持作為後盾，否則是痴人說夢。前輩在工作能力與人際關係上都無可挑剔，但最終，他選擇孤獨地提前退休。在送別聚餐結束後，前輩單獨叫住楊代理，他說雖然作為職場前輩有些話不方便說，但他還是開口說了在公司最後一天的第一句話，也是最後一句話：「不要忠於組織，要忠於你的人生。」

　　從那天起，楊代理將成為 FIRE 族深深地刻在心裡。換句話說，「忠於自己的人生！」他決定提前退休，部分原因是看到連如此出色的前輩都這麼狼狽地離開公司。他缺乏信心，感覺自己最後可能連一根骨頭也撈不到，但更重要的是，他覺得自己現在做的工作與將來必須做的事，絕計無法幫助他活出自己想要的人生。

　　隨著日復一日的職場生活，楊代理感覺自己彷彿置身電影《摩登時代》（*Modern Times*）中的某個場景。影片中的查理‧卓別林和老工頭在巨大如坦克的機器旁工作。由於查理的失誤，老工頭被捲入機器中，只有頭部勉強露在外面。為了救出老工頭，查理根據指示拉動控制桿，嘗試停下機器。但就在這時，嗶聲突然響起，查理竟直接離開，好像完全不關心卡在機器中的老工頭安危一樣。

　　查理這麼做是有原因的，因為遇上午餐時間。查理和困在機器中的老工頭一起吃午餐。楊代理覺得，困在機器裡吃午餐的畫面並不像別人家的事。他愈來愈覺得，儘快離開公司才是正確答案。

　　還剩八年。只要再忍耐八年，努力存退休金，不吃不喝，勒緊褲腰帶就能存下提前退休金五億韓元（約新台幣 1200 萬）。楊代理把這個計畫稱為「五億專案」，該專案可以概括為「3N3Y」策略。

3N 是指絕對不能做的三件事：談戀愛、買車和喝酒，這三件事都是吃錢怪獸。談戀愛不僅要花錢和時間，還要投入精力。生日、交往 100 天的紀念日、看電影、出門吃飯、製造回憶……錢就這樣不斷流失。不只金錢問題，愛情也會占用大量時間。光是學習投資，就夠他忙的了，哪有時間顧及女友感受，思考去哪裡約會、吃什麼美食呢？

因此，當楊代理開始「五億專案」時，他和交往滿 1000 天的女友分手了。他沒有提到自己在戀愛期間總共花了 1845 萬韓元（約新台幣 43 萬）。

有汽車就會燒錢，油錢只是小事，購車稅、登記稅、保險費、停車費、事故處理費、其他維護費用等……汽車就像開在鈔票鋪成的道路上。想要投資，首先需要本錢，但汽車會一口吞掉數年的積蓄。楊代理認為汽車是提前退休的最大敵人。因此，他賣掉汽車，將賣車的錢作為投資資金。

酒精百害而無一利。它是個花錢又花時間，還有害健康的壞傢伙。更糟糕的是，有時在朋友面前楊代理會愛面子地說：「今天我請客。」朋友們巧妙利用了這一點。雖然他隔天酒醒，澄清那只是醉後胡言，但這種事發生已經不只一、兩次，現在他已經沒臉這麼說了。這還不是最糟的。酒對楊代理最大的害處是，偶爾會讓他斷片。他通常在心情不好時喝酒，一喝便不可收拾，直接睡在街頭，非常不舒服。他曾撞傷頭，去急診室

縫了十幾針。他意識到，若繼續這樣下去，別說提早從公司退休，他可能會提早從「人生」退休。所以他戒酒了。

3Y 代表必須做的三件事：定期存款、股票投資與房地產投資。他希望自己到不惑之年，也就是 40 歲時，能安穩生活，做自己喜歡做的事，住在空氣清新的山林中！投資的首要條件，當然是資金。為了存夠資金，最簡單的方法是節流。因此，楊代理搬回父母家，自己住在外面，哪怕只是呼吸和眨眼，也會不斷增加帳單數字。

和父母一起住有許多經濟上的好處。首先，可以省下每個月 60 萬韓元（約新台幣 14000 元）的房租。哪怕每個月給父母 30 萬韓元（約新台幣 7000 元）的生活費，也能省下 30 萬韓元。一年累積下來就是 360 萬韓元（約新台幣 85000 元）。

這意味著 39 歲時，他能擁有 2880 萬韓元（約新台幣 70 萬）的本金！而且他可以將 5000 萬韓元（約新台幣 120 萬）租房押金，投資在自己一直關注的潛力股上。額外的好處還有：萬一遇到緊急情況，他可以開父親的車；父母的嘮叨讓他的生活變得規律等。

父母面無表情地聽完五億專案和 3N3Y 策略，半是欣慰半是遺憾地接受了他的決定。

今天也跌停板

　　已經是第三天了。原先價值 57000 韓元（約新台幣 1300 元）的股票，跌到 19550 韓元（約新台幣 460 元）。因為聽朋友說 COVID-19 疫苗的臨床試驗即將成功，楊代理把車賣了、連租房押金都全數投入，現在後悔莫及。他甚至沒有遵守投資的基本原則──不要把所有雞蛋放在同個籃子裡。他只垂涎美好的投資報酬率，貪婪蒙蔽的大腦對他微笑，告訴他不必擔心任何事。他沉浸在提前退休的幻想中，思考著退休後該做什麼。他想像自己驕傲地扔下辭呈，優雅揮手告別公司的場景，全身閃過激動的電流，但現實卻恰恰相反。成功的激動被失敗的恐懼與絕望所取代，從頭到腳都在顫抖的他，面對投資報酬率負 65.7%，三分之一的投資本金化為泡影，楊代理的心碎成千萬片。

　　他在投資論壇上尋找一線希望，那裡充滿各種謠言。一下子激起他的慾望，但又被可能再度虧錢的恐懼壓垮，他無力地坐下，無比沮喪。無論他怎麼閱讀文章，都找不到確切的答案。圖表愈複雜，他的心就愈亂。這時，不久前的一篇文章引起他的注意。

　　「股市高手的犀利洞見：不懂經濟學基礎就投資股票？」

　　作者自稱有 15 年的股票投資經歷，從一開始的經濟學小

白，只憑藉小道消息和自己的失敗經驗進行投資，經歷千辛萬苦後得出的結論卻是老生常談：回歸樸實的基本原則。他所謂的基本原則是什麼？他說，首先要理解整個股市的經濟環境，進行穩定投資就需要明亮的雙眼，能夠冷靜解讀每天改變的經濟變數。對他而言，這雙眼睛正是經濟學。這位股市高手並不推薦使用大學裡厚重且艱澀難解的經濟學教科書，相反地，他認為簡單易懂的暢銷書更有助於投資。楊代理將之前的投資損失當成學費，閱讀那位作者推薦的書籍之一：《拚經濟》。

一頭埋入經濟學

楊代理感到震驚，因為《拚經濟》並不是他預期的那種經濟學書籍。他本以為書中會充滿清晰的公式和五彩繽紛的圖表，幫助他在股票投資中無往不利。但這本書並非如此。在前言中，作者張夏準教授闡明此書目的：

我們需要認知到存在多種經濟學的論辯，並能夠在特定的經濟情境、特定的道德經濟觀與政治目標下，判斷哪一種經濟學觀點最有助解決問題。我們需要學習經濟學，培養這種批判性觀點（請注意，我並沒有說「哪一種經濟學才是正確答案」）。

　　讀到括號裡的內容後，楊代理氣得把書扔了。他買這本書是為了找到股票投資的「正確答案」，但作者觀點似乎暗示根本不存在所謂的正確答案。他感到憤怒。自從他開始投資股票以來，沒有一件事是按照他的計畫進行。推薦這本書的股市高手究竟在想什麼？他是不是又受騙上當了？楊代理揪了揪自己的耳朵，好像在懲罰自己一樣，他的耳朵變得通紅，彷彿在尖叫。

　　楊代理在心中想像了虛構的「張夏準」教授（以下簡稱「漲」教授），並向他抱怨。儘管提問和回答的人都是他自己，但對話卻是嚴肅而激烈的。

楊代理：教授，您的意思是：經濟學中出現的數字也不是
　　　　　正確答案？

漲教授：經濟學中出現的數字是具有特定觀點者所定義
　　　　　的，不像人們普遍認為的那樣絕對和客觀。

楊代理：就連經濟學也不客觀，那它到底是什麼？解釋了
　　　　　什麼？

漲教授：有一本非常著名的經濟學書籍提到，經濟學是
　　　　　關於「生活、宇宙及一切」的終極問題。這不是很驚人
　　　　　嗎？這種傲慢無禮的態度！但經濟學與道德價值判斷和
　　　　　政治密切相關。道德判斷隨情況而變化，舉例來說，謀

殺通常是不被允許的，但在戰爭或正當防衛等情況下卻被允許。這樣的情況無數次出現又消失，不就是人生？再說政治，數千萬乃至數億人居住的國家裡，糾纏不清的利益關係能像切豆腐一樣乾淨俐落地調整嗎？拿最低薪資來說，哪怕只是稍微調高一點，勞工界和企業界就會像打仗一樣互相爭鬥。第二天早上的新聞會看到某家便利商店老闆與工讀生對峙的消息，那時候，政治家們又會採取行動安撫雙方。這些大大小小的衝突，創造新的替代方案過程，就是政治。但這些政策對經濟有巨大的影響。遺產稅、所得稅等稅收政策就是典型例子。道德、政治與經濟如此緊密相連，我們怎能將它們分開？與人類慾望緊密相連的經濟，真的能對「生活、宇宙及一切」的問題提供答案嗎？像我這樣愚蠢的人怎麼可能知道。

楊代理：但教授，經濟學不是研究在各種情況下，人類如何作出合理選擇的科學嗎？人們學習經濟學正是為了在任何情況下作出合理選擇，不是嗎？

張教授：這種解釋經濟學的方式是所謂的新古典主義態度，目前是經濟學主流。但除了新古典主義外，經濟學還有許多學派和學者。大致分成九個主要學派。他們對作出合理選擇的標準各不相同。能一勞永逸解決所有問

題的合理選擇是什麼？世界上不存在能夠征服宇宙的至
尊魔戒。

楊代理：是的，沒有至尊魔戒。

漲教授：仍將經濟看作是與政治毫無關連的純粹活動，是
對歷史的無知。不了解歷史只是固執己見，如同重複那
些已經失敗並帶給許多人痛苦、死亡的實驗一樣。這就
像對人們進行生物實驗。還有很多人被亞當・史密斯
（Adam Smith）在《國富論》（*The Wealth of Nations*）中，
僅提過一次的「看不見的手」所束縛。實際上，亞當・
史密斯在日後作品中並未特別強調這一點。從資本家的
規模和性質、企業結構、工人、市場、貨幣和金融體系
等方面，亞當・史密斯的時代和今日的資本主義有著天
壤之別，徹頭徹尾變得不同。再偉大的經濟理論也只能
應用於特定時空。我們需要根據理論應用的具體背景，
理解各種經濟學理論。這也是為什麼我們需要研究資本
主義是如何演變的。

楊代理：意思是我需要學習資本主義的歷史。

漲教授：是的，沒錯。讓我舉個例子。現在哪個正常的國
家會允許四到五歲的孩童工作？

楊代理：什麼？四到五歲？那是小到自己不能去上幼稚園
的年齡。

漲教授：對吧？但在亞當‧史密斯的時代，幾乎沒有人
　　認為雇用兒童是錯誤的。你知道知名作家丹尼爾‧笛
　　福（Daniel Defoe）嗎？他是《魯賓遜漂流記》（*Robinson
　　Crusoe*）的作者。他在 1724 年出版的《大英帝國周遊
　　記》（*A Tour Through the Whole Island of Great Britain*，暫譯）
　　中提到，當時棉紡織工業中心諾維奇（Norwich）的情況
　　時，感嘆說：「有些四到五歲的孩子已經自食其力了。」
　　有些機器甚至一開始就是為了體型小的兒童所設計。

　　楊代理想起電影《末日列車》（*Snowpiercer*）。那輛永不停
歇的末日列車，擁有永遠運行的永動引擎。但這個引擎有個致
命缺陷：必須不斷處理磨損的零件。唯一能做到這件事的是體
型瘦小的孩童。電影中，不斷從尾部車廂帶走孩童到前面車廂
的原因，就是為了讓孩童彌補磨損零件的缺陷。

　　有句話說，每個人都是自己所處時代的產物。每個時代的
道德判斷都不同。根據這些判斷，制定法律並執行。丹尼爾‧
笛福所感嘆的孩子們，為了他們特別設計的機器，而這些機器
推動資本主義的發展！資本主義這輛末日列車一路奔馳到今
天。那麼今天，我們是在什麼樣的道德判斷與政治決策中推動
資本主義呢？楊代理決定暫時擱置心中的苦澀，繼續聽「漲教
授」講述資本主義史。

比小說更像小說的資本主義史

漲教授：讓我們從人均所得（PCI）的角度看資本主義的歷史吧。為了幫助理解，我們假設有個人出生於 1000 年並活到現在。我們就叫他金壽無疆吧，這是以前喜劇節目曾出現的名字，意思是「壽命沒有期限」。

楊代理：金壽無疆？哈哈，教授暴露了自己的年紀。

漲教授：是嗎？那我就不唸「烏龜與丹頂鶴」這段和金壽無疆有關的繞口令了。我每次都要克制自己不被那個節奏洗腦。好吧，我們進入正題。從 1000 年到 1500 年，中世紀西歐的人均所得每年增長 0.12%，這代表什麼？代表假設金壽無疆在中世紀西歐 1000 年時，賺了 100 韓元（約新台幣 2 元），那麼 500 年後，他的收入僅會增加到 182 韓元（約新台幣 4 元）。

楊代理：金壽無疆真可憐。工作了 500 年，收入只增加 82 韓元（約新台幣 2 元）。

漲教授：此後，西歐的人均所得增長速度依然像烏龜的爬速一樣緩慢，從 1500 年到 1820 年，大約 320 年間，每年成長約 0.14%。假設金壽無疆在 1000 年賺了 100 韓元（約新台幣 2 元），到 1820 年時，他大概賺了 285 韓元（約新台幣 6 元）。

楊代理：天啊！820 年的時間，收入只增加 185 韓元（約新台幣 4 元）。

漲教授：是的。這說明即使是現在我們認為生活富裕的西歐國家，經濟成長也並不容易。如果當時沒有透過帝國主義擴張殖民地，情況可能更加艱難。他們不僅未經土地所有者許可，就侵占殖民地的土地和資源，而且還屠殺、奴役當地人民。西歐的經濟成長就是在這樣的背景下實現的。然後，發生了像小說一樣的事情。在 1820~1870 年的 50 年間，人均所得每年成長了 1%！也就是說，金壽無疆在 1820 年收入約 285 韓元（約新台幣 6 元），到了 1870 年，他的收入增加到約 470 韓元（約新台幣 11 元）。

楊代理：（忙著用手機計算）哇！收入在 820 年間只成長了 185 韓元，但僅僅 50 年內就增加了 185 韓元。金壽無疆中了樂透！

漲教授：要是工業革命可以視為樂透的話，你這麼想也沒錯。1820~1870 年，正是工業革命徹底改變西歐工業結構的時期。

楊代理：收入成長這麼快，金壽無疆一定很快就能過上幸福的生活吧？

漲教授：真的是這樣嗎？恐怕不是這樣的。1000 年時，

諾曼征服英格蘭時，整個英格蘭人民的平均壽命是 24
歲；而在 1820~1870 年期間，那些和金壽無疆共事的朋
友平均壽命只有 17 歲。比那時少了 30%。而且他們每
週工時為 80 小時，而每週工時超過 100 小時也不在少
數，一週只有星期天下午能休息。很多紡織廠工人死於
肺病，紀錄記載，一間房間擠了 15~20 個人，更不要說
數百人共用一間廁所。

楊代理：金壽無疆漲的薪水都拿去付奠儀了。（看到漲教
授皺眉頭後）……我開玩笑的，因為話題太沉重了。在
那麼悲慘的生活條件下，應該有很多人不願意坐以待斃
吧？

漲教授：是的，沒錯。從那時起，開始興起反對資本主義
的運動。馬克思也是在這個時期出生與成長的，並寫
了《資本論》（*Das Kapital*）。馬克思的理論被修正主義
（Revisionism，譯按：針對馬克思提出的一系列學術理論，
作出修正的思潮和流派）者應用到現實中。資本家們反
抗激烈。總之，從 1870 年左右開始，工人們的處境開
始獲得改善。我們不應忘記，一旦一方力量變得過於強
大，歷史就會向另一方傾斜。馬克思主義也是如此。
當時，社會主義正在世界各地興起，最終在 1917 年俄
國革命爆發。當時，蘇聯式社會主義貌似即將超越資本

主義。在 1928~1938 年期間，當其他國家只有 1~2% 的成長時，蘇聯的平均每人國民所得（Per Capita National Income）每年增加了 5%。金壽無疆也想搬去俄羅斯。然而，這種成長是以政治鎮壓和 1932 年的饑荒為代價，其中數百萬人喪生，穀物從農村送至城市，用來養活城市裡的勞工，剩餘的穀物則銷往海外，以換取工業化所需的先進機器。結果是，大量的農村人口餓死。要是金壽無疆真的去了俄羅斯，他可能已經死於饑荒。

資本主義在 1929 年陷入大蕭條，以成人比喻的話，可以說罹患嚴重的憂鬱。對於大蕭條的解決方案有各種不同觀點，但在我看來，它是由幾個因素造成的，包括為了克服大蕭條而不得不實行的改革政策、第二次世界大戰的爆發，以及戰爭期間的開發技術在商業上成功等多種因素，共同作用的結果。

基於這些，資本主義享受了 1945~1973 年的黃金時期。1950~1973 年期間，西歐的人均所得年成長率達到了 4.1%，美國 2.5%，西德 5.0%，日本 8.1%，經濟奇蹟發生了。金壽無疆那時的收入也大幅成長。假設他 1950 年的收入是 100 韓元，那麼 23 年後即 1973 年，大約是 262 韓元（約新台幣 6 元）。以中世紀人均所得成長率 0.12% 進行計算，需要八百多年才能達到此成長，金壽

無疆卻僅用 23 年就體驗到 800 年的收入成長。

漲教授繼續解釋。成立於資本主義黃金時代的國際貨幣基金組織（IMF），與國際復興開發銀行（IBRD）等機構，雖然對創造黃金時代有所貢獻，但最重要的原因是混合經濟（Mixed economy，編按：多種所有制結構、多種經濟主體、多種資源配置方式、多種市場結構、多種分配方式的混合）體制的誕生。它結合了資本主義與社會主義的優點。但是，資本主義的黃金時代在 1973 年第一次石油危機中結束。此後，以英國首相柴契爾夫人和美國總統雷根為代表的新自由主義（Neo-liberalism），開始主導世界。

事件不斷發生。1989 年蘇聯開始解體；1990 年德國統一；1991 年蘇聯徹底解體；1975 年實行共產主義的越南於 1986 年轉向開放政策；1995 年墨西哥金融危機；1998 年韓國等亞洲金融危機；2000 年網際網路泡沫；2008 年全球金融危機接踵而至。儘管各國經濟專家提出多種解決方案，但仍無有效辦法。最終，美國、日本等先進國家，透過央行印製新鈔並投入市場，稱為量化寬鬆政策（Quantitative easing）。

資本主義黃金時代的尾聲，正是韓國發生著名的「漢江奇蹟」（譯按：狹義上指的是 1953~1996 年南韓首都經濟的迅速發展；廣義上則指南韓飛速發展的外向型經濟）時期。楊代理記

得，自己當時因韓國銀行公布的最新韓國經濟成長率統計數據感到吃驚。2019 年 12 月根據韓國銀行發布的數據，韓戰以來韓國的國民所得毛額（GNI）成長了近五百倍，而名目國內生產毛額（GDP，以韓元計）從 1953 年的 477 億韓元（約新台幣 11 億元），增加到 2018 年的 1893 兆韓元（約新台幣 44 兆元），成長了 39665 倍。「驚人」一詞已經不足以形容，這就是所謂的「奇蹟」。

　　楊代理回顧了資本主義簡史，深刻感受到韓國經濟成長絕非任何一人或單一因素造就。每個歷史轉折點都伴隨著挑戰與應對，只有個人和國家的努力完美契合當時情況，才能實現這些成就。

　　再來仔細看看韓國的情況。1971 至 1977 年，是資本主義黃金時代已經從巔峰期走向過渡期。在這個時期，韓國展示了在政府適當的干預下，資本主義能達到的最佳效果。政府主導的工業化戰略，完美結合保護韓國國內產業發展的戰略，維持了資本主義體制。假若只相信亞當・史密斯「看不見的手」，只專注於市場，韓國可能仍是一個默默無名的國家。

　　然而，輝煌的榮耀同樣會製造陰影。最近，楊代理在網路文章中看見「蜂巢村女工妹」的詞彙。無論是蜂巢村或女工妹都是他第一次聽到。「女工妹」是年輕女工的貶義詞，她們為了家庭生計與供養弟妹讀書，而在九老工業園區工作。「蜂巢

村」則是指她們共同生活的狹窄房間。九老工業園區是紡織、縫紉、電子等勞動密集型產業的所在地。憑藉女工的廉價勞動力，1971 年九老工業園區實現了 1 億美元（約新台幣 31.5 億）的出口額。1977 年，當韓國實現 100 億美元（約新台幣 3100 億）的出口時，文章報導指出九老工業園區貢獻了 11 億美元（約新台幣 340 億），占總出口額的 11%。

楊代理從這些數據中看見的是，賺來的美元背後是女工艱苦的生活。她們當中有 20% 是文盲，15% 則是小學輟學。大多數（51%）最後一次接受公立教育是小學。

> 「當時有很多十二、三歲的女孩在操作大型熨斗。在應該撒嬌的年紀，她們在特殊工業學校放學後沒有時間休息，直接在宿舍換上衣服開始工作。用高溫熨斗熨燙襯衫領子，時常可見打瞌睡的女孩手像魷魚一樣被壓扁，無法動彈。」
>
> ──引用《Pressian》（編按：韓國線上新聞），〈「蜂巢村打工妹」書寫了工人運動的歷史〉，2021 年 8 月 2 日報導。

楊代理看見了 1970 年代的韓國──國民平均壽命僅 47 歲；數百人共用一個廁所。他從中學到了經濟成長的光明與陰影相伴。歷史在細節中略有不同，但從宏觀來看卻是一再重

演。他不禁質疑經濟成長究竟為了誰？有些人成長；有些人卻是文盲；有些人手被壓扁；數百人爭奪一間廁所。假如楊代理是在同一個國家或生活在同個時代的人，他一定會問：

「經濟成長究竟為了誰？」

「提前退休究竟為了誰？」

「股票投資究竟為了誰？」

「僅僅是為了我自己嗎？」

經濟學不是萬能的特效藥

漲教授：拉丁詞彙「Ceteris Paribus」，意思是「假設其他條件不變」。這個詞也出現在被視為微觀經濟學教科書鼻祖──馬夏爾（Alfred Marshall）的《經濟學原理》（*Principles of Economics*）中。實際上，不僅是經濟學，幾乎所有科學都依賴這個假設。沒有它，科學可能無法成立。

楊代理：哇，真的嗎？能說得更具體一點嗎？

漲教授：讓我舉個例子吧。有個定律為「水的沸點為攝氏 100 度」。既然如此，水是不是在任何時候、任何地方都能在 100 度沸騰呢？並非如此。水要恰好在 100 度

沸騰，有一定的條件，只有水、火、鍋子、溫度計這些是不夠的。比如，氣壓等大氣條件也很重要。在山區等高處，氣壓低，水不到 100 度就會沸騰，這就是為什麼高山上的飯容易煮不熟。既然如此，在月球、火星等地方，水沸騰就需要完全不同的條件。如此一來，「水的沸點為攝氏 100 度」不再是不變的真理。為了使這個值準確無誤，需要的條件數不勝數，但如果事情變得這麼複雜，能力有限的人類就無法進行科學研究了。因此，科學家在進行某項實驗時，只能從眾多條件中選擇一部分，並在有限範圍內進行。

楊代理：既然如此，那些沒被選中的條件就被忽略嗎？要怎麼處理呢？

漲教授：此時，「假設其他條件不變」便派上用場。它指的是，你只需要考慮自己選擇的條件，並假設其他條件都相同。換言之，除了我選擇的條件之外，其他任何因素都不會影響結果。很簡單，對吧？最終，經濟學或社會科學中的一些定律並非不變的真理，而是在某些條件下才會有效的定律。實際上，它們不應該稱為定律。但我們被「定律」一詞所傳達的印象——絕對不變的真理所影響，嘗試將它們直接應用於現實。然而，它們不可能完全切合現實。因為現實生活充滿變數，就像魔術師

一樣，有時變出鴿子，有時變出花朵。這也是為什麼幾乎所有理論都在事件發生後忙於補救，試圖拼湊出貌似合理的解釋。

楊代理：那麼經濟學家們通常選擇哪些條件？

漲教授：問對了。在我看來，經濟學派主要關注的問題有六個。第一，經濟由什麼構成？是階級、個人、組織還是制度？第二，如何理解人類？人類是理性的？非理性的？自私的？還是複雜的？第三，如何看待世界？世界是可預測的嗎？是複雜而不可預測的嗎？第四，經濟中最重要的部分是什麼？是生產、消費還是交換？第五，什麼因素會改變經濟？是資本、個人抉擇、產能發展、制度，還是所有因素呢？最後，有什麼政策建議？是自由市場？還是政府的積極介入？諸如此類。古典主義、新古典主義、馬克思主義、發展主義、奧地利學派（Austrian School）、熊彼得學派、凱因斯學派、制度學派（Institutional School）、行為主義等各種經濟學派，對這六個問題提供了相似或不同的答案。我認為這些不同的觀點，是各學派在其成立與活動的特定情況下給出的適當答案。

楊代理認為經濟學歸根結柢是基於信念。深入探究後，最

終回到這樣的問題：「我如何看到這個世界？」「我如何理解人性？」「什麼是有價值的？」實際上，世界觀、人性觀、價值觀是以經濟學這個新名詞呈現在我們面前，而非僅僅是倫理學或政治學。

自宇宙誕生以來，只有一件事是永恆不變的，那就是一切都在改變。楊代理在閱讀這本書時，覺得似乎能在這個不變的事實上再添加一點。

> 農夫伊凡非常嫉妒自己的鄰居鮑伊斯。因為鮑伊斯有一隻山羊，有個妖精來到伊凡面前說，願意實現他一個願望。伊凡的願望是什麼呢？他希望鮑伊斯的山羊暴斃。（大衛・藍迪斯〔David S. Landes〕《新國富論》〔*The Wealth and Poverty of Nations*〕）……渴望平等是非常自然的人類情感，也是推動人類歷史發展的動力。

他想在不變的事實上添加的一點是：人類對不平等感到憤怒。表面上看似忍耐，但隱藏在內心深處一角的真實，就像炸彈一樣隨時可能爆發。歷史充分證明了這一點。許多革命、戰爭與罷工，正是由於人類對平等的本能需求而發生。

因此，若說經濟問題的解決與否，取決於如何應對不平等問題並不為過。解決不平等和其他衝突的任務落在政治上。楊

代理現在明白了，書中為什麼強調經濟學是場政治辯論。他經常聽到政府不應干涉市場的自由運作，因此認為只要讓市場自由發展，一切都會按照經濟規律預期進行。然而，真實的市場並非如此。它需要國家層面的控制與管理，否則市場無法成為市場，將成為權貴的世界，成為弱肉強食的叢林。楊代理的眼前閃過某位作家的身影，該作家曾經為了證明自我價值而讚揚兒童勞動。

股票投資也沒什麼不同。倘若國家的經濟秩序不公正，投資就會變成賭博。股票投資論壇和傳遞資訊的雜誌中，充斥非法的操盤和內幕消息。不過，不光是他，許多人並不在意那些事的合法性，只在意資訊是否正確，能否賺大錢。假如這樣的投資成功了，有人從中大撈一筆，那麼這筆錢就是以許多公正投資者的失敗為代價，所獲得的犯罪利益。

不惜一切代價只為了增加自己資產的心態，這種人不算是正當健康的投資者，更像是賭桌上的老千。楊代理意識到，自己一心一意只想著金錢卻忽略更重要的事情，他是否如同獵犬般，雙眼受慾望蒙蔽而發紅並朝著眼前的鹿，不斷狂吠、追逐呢？

現在楊代理對經濟學有了不同的看法。他認為經濟學不應該只是追逐金錢的學問，而是關於正當慾望的知識，是與周圍的人一起學習、共同成長的知識。因此，經濟學必須與倫理問

題、政治問題共同學習，才能正確理解。經濟學應該支持社會與國家生產的好東西，使更多人能夠公平地享受這些成果。或許這是為何在亞當・史密斯的時代，經濟學被稱為政治經濟學的原因。

楊代理調整了自己的退休目標。他並沒有放棄提前退休的想法，但是他想深入學習經濟學，而他想學習的經濟學不是充滿數字和規律的那種經濟學，而是能解決社會不平等、減少衝突、治癒病態和痛苦慾望的經濟學。為此，他需要更進一步了解人類、歷史與政治。有生以來，他第一次真正地追求自己想學習的學問，第一次不只為了自己，也為周圍的人與整個世界的夢想。這使他的心跳加速，品嘗到生活真正的滋味。

10

遭遇職場霸凌、被迫從事
非法，難道只能吞忍

讀柏拉圖的《蘇格拉底的申辯》

我們需要做的是，站出來發聲

有時我們會遇到對公司反感的時刻。白社員正處於這樣的痛苦中：公司要求他做一些與自身道德價值觀不符的事。這種情況使他感到困惑和矛盾。他應該閉上眼睛硬著頭皮去做？還是假裝沒事，等待時間解決問題？

在這樣的痛苦中，有人向他推薦《蘇格拉底的申辯》這本書。此書是柏拉圖記錄蘇格拉底從被告到最終被判處死刑，在受審期間所做的自我辯護。書中展現了蘇格拉底的生活態度與哲學思想。

白社員讀完這本書後能否擺脫痛苦？假如蘇格拉底是白社員公司的一員，他會怎麼做呢？

如果你選了我，我必鞠躬盡瘁！

　　白社員憑藉著標題這句激昂的回答，在人資面試例行提問的最後一題中脫穎而出。作為文組生，特別是哲學系畢業的他，在這個需要替自己是文科生背景而道歉的時代，第一次順利進入最後面試。他拚盡全力，不惜拿靈魂交換也想爭取到這份工作。最終，他的夢想成真了！

　　可能是因為他那自信滿滿的回答催眠了自我吧？白社員在工作中展現出無人可敵的熱情與敬業態度。他從不質疑也不提問。但現在回想起來，他意識到這就是問題所在。職場生活應該質疑與深思，不應該放鬆思考的韁繩。他深知所有工作都與社會息息相關，與他人緊密相連。因此，根據自己對工作的理解與態度，不可避免地會對工作相關人士產生不同影響。我們都非常清楚，粗魯無禮、稱為「霸凌」的工作方式，會給人們心靈帶來多大的傷痛。

　　可是，即使白社員進入夢寐以求的公司，但公司中依然存在不公正的霸凌行為。儘管合約上寫的是甲方與乙方，但當事人卻把它解讀成上位者與下位者，合約關係變成社會地位關係。經銷商若沒有甲方提供商品就無法經營業務，即使合約內容不公平，也只能打落牙齒和血吞地簽下合約。合約中包括不得銷售其他公司產品的條款，而且經銷商已經按白社員公司的

要求，完成設施配置與市場行銷。想換掉甲方，經銷商就得投入大量資金，進行大規模更改。

當生計陷入絕境，乙方要麼成為不再思考的奴隸，要麼成為無法和解的敵人。某位經銷商拍攝了業務員辱罵與索取回扣的畫面，上傳 YouTube。另一位經銷商則留下譴責白社員公司的遺書後，做出極端選擇；他滿足了對方公司要求，投資 30 億韓元（約新台幣 7000 萬）後，卻突然收到通知公司單方面終止供貨合約。其他經銷商也紛紛爆料，揭露更多不公行為。

在接連不斷的負面新聞影響下，白社員公司的股價持續下跌。一個人死了，但這起事件只被視為造成股價下跌的利空因素。有些記者報導說，白社員的公司如果想生存下去，就必須採用包括共生哲學的 ESG（編按：環境〔Environmental〕、社會〔Social〕以及公司治理〔Governance〕）管理。可是他卻找不到任何專家建議，關於遺族該如何繼續生活。白社員自從了解到公司的真實情況後，每次張口都不自覺地咒罵公司。

在這種情況下，白社員被分派到公司的 ESG 管理組。這麼做的原因，似乎是因公司老闆對「共生哲學」理念印象深刻，特別指示將哲學系畢業生派往 ESG 組。白社員是公司唯一的哲學系畢業生。雖然，人資組組長再三猶豫是否該派任新員工，但最終還是在遞交上級的報告中推薦了白社員。報告中，組長基於禮貌補充道：雖然白社員還是新人，但對公司充滿熱

情。看來組長還沒聽到不滿的白社員是如何咒罵公司的。

老闆有自己想聽的話

　　在公司裡，光靠熱情能解決所有問題嗎？對於 ESG 這個詞，白社員感到很陌生。他不過是為了應付就業面試，才勉強記住 ESG 的字典意義。ESG 是指企業應當承擔的社會責任，分成環境、社會與治理三個方面，取三個英文單字的第一個字母，組合起來就是 ESG。這是當前韓國企業最熱門的話題，然而在白社員公司內部，這個概念卻相當冷門。

　　對白社員來說，不了解 ESG 固然是個問題，但更大的問題是當前 ESG 組是名副其實的戰場。沒有人有時間向他解釋 ESG 組的具體工作內容。在他調派到 ESG 組的第一天，他帶著家當來到團隊卻沒人問他為何出現在這裡。可能根本沒人知道他是誰。不知道過了多久，有人大喊：「喂，你！你去那邊的空桌子坐下吧！少在那邊礙眼。」

　　雖然白社員不滿地想著：「『那邊』？我叫『那邊』嗎？」但他還是大聲回應：「好的，我知道了！」然後趕緊找到一個座位坐下。後來他才知道，喊他的那個人是組長。從那之後，每當他咒罵公司時，總是不忘順便咒罵組長。

　　像白社員的公司一樣濫用權力的企業不在少數。類似事件也在其他公司發生過。新聞媒體的焦點很快轉往新的事件。一個月就這樣過去了。現在人們的注意力已經轉向奧運，接連傳來的奪金消息，足以讓人忘記公司的霸道行徑以及由此造成的某人之死。

　　事件告一段落後，組長決定重新審視並報告 ESG 管理策略。既然來了哲學系畢業的新員工，應當徹底有所作為。因此組長召開了會議，並指定白社員就「ESG 經營戰略之哲學方法與應用」主題進行報告。這需要一個全新的視角。白社員運用了自己的專長：泰然自若地說出違心之論。和他口中說出的相反，他內心中滿是怨言。

　　會議後，白社員收到一條訊息，經過思索，他意識到是同組申主任發來的。申主任告訴他，工作用的共享文件夾有以往的報告和活動照片，可供參考。白社員知道後如同獲得千軍萬馬。與此同時，申主任還留下意味深長的話。

　　「你知道『老聽話』的道理吧？不要想太多，只要不偏離『我們公司是好公司，老闆是好人』這個概念就行了。順便提供你參考，下次人事調整時我們組長可能會升職 ^^。」

　　老聽話，意指：老闆有自己想聽的話，這代表一切早已預先設定好了。白社員想著：「果然如此，這個組也腐爛了。」他打開共享資料夾，裡面有關於 ESG 的外部諮詢報告、過去的

業務計畫和業績報告、送煤炭與製作辛奇（韓式泡菜）活動的照片。每張照片都特寫老闆臉上的笑容。白社員想要質問申主任，為什麼要告訴他這個全是垃圾的共享文件。公司存在根本問題，如果只是一味自吹自擂，最終一切將淪為空談，還「談什麼狗屁哲學方式！」

白社員決定從頭開始。他覺得申主任浪費了自己時間。首先，他搜尋各種關於 ESG 和企業社會責任的關鍵字。接著，仔細閱讀搜尋到的各種資料，覺得有用的就全部下載。他一遍又一遍地查看各種報導、廣播訪談、部落格、論文和講座影片。在他對這些資訊一無所知的情況下，龐大的資訊洪流令他頭疼，並感到疲憊不堪。「該死，這是我第一次負責報告，但這不是新員工能做到的。」他開始懷疑組長是否有意讓自己難堪，或者壓根是場惡作劇？白社員對公司和組長充滿怨言，瞪著螢幕，突然用力拍了下桌子。他後悔自己學了哲學，要是沒有學哲學就不會來到 ESG 組。

正當他快自暴自棄之際，他又重讀了讓老闆深受感動的 ESG 專家的專欄。他不經意地看見該專家的簡介，忍不住失笑。令人驚訝的是，那位專家也是哲學系畢業。白社員抱著最後希望，發了封電子郵件給專家。他想過對方也許不會讀那封電子郵件，但事到如今，他沒別的選擇餘地。幸運的是，專家不僅回覆他，而且態度非常親切，內容也很詳盡。

ESG 專家的回信

　　白先生您好，很高興認識您。我思考了您的問題，並整理出一些答案。儘管可能不夠完善，但希望對您的報告有所幫助。

　　就像每個國家都有憲法，每家公司都有其章程。這些章程是公司成立時提交給主管機關的。換句話說，章程是公司與社會間的承諾。通常，章程的第二條會這樣規定：「本公司旨在從事以下業務。」其中提到的業務，當然是社會需要且認可的。沒有任何國家會允許銷售武器、毒品、販賣人口、器官買賣、犯罪的公司成立。因此，公司不能隨便從事業務，應當履行章程第二條中對社會的承諾。白先生，您之所以努力學習，加入公司也是為了從事這樣的工作。

　　讓我們接著深入地討論。白先生您的公司也有自己的企業精神。

　　此時，白社員想起公司的「迅速、精確、親切」，不由自主地笑了出來。因為他記得第一次看見時，覺得這樣的企業精神更適合用在中式餐館。他提醒自己「現在不是笑的時候」，重新把注意力拉回到郵件上。

　　為了履行公司章程第二條的承諾，需要具備某些能力與態度。這些正是企業精神所體現的。要是您仔細思考章程與企業精神，就能理解公司應該如何進行經營管理。

　　不過前段時間，許多公司開始流行用「使命」（Mission）和「願景」（Vision）制定新的經營管理策略，代替傳統的企業精神。事實上，每家公司都有自己的章程與企業精神，但許多公司仍然重新制定了自己的使命與願景。他們為什麼這麼做？組織文化顧問這樣說：透過使命和願景，公司可以更戰略性地實現目標。但果真如此嗎？

　　要是您不透徹理解貴公司存在的理由，並堅信之，那麼無論如何巧妙地制定使命和願景都是無效的。請您查看貴公司網站上的使命和願景。它們會用華麗的詞藻修飾，但倘若它們僅止於網頁上的文字，最近發生的不幸事件就會重演。

　　白社員一時頭暈目眩。他想起自殺的經銷商和遺族的悲慟。他意識到自己現在做的事，不應該只是為了給組長留下好印象，應該要有更深遠的意義。公司網站上的使命與願景，與遺族的嚎啕哭聲重疊在一起。他露出嚴肅的表情。

　　白先生，您的報告主題是「ESG 經營戰略之哲學方法

與應用」，對嗎？在這裡，我深入思考了「戰略」一詞。我認為，正是因為「戰略」一詞，註定現在企業中的使命和願景行動一敗塗地。

讓我們深入分析「戰略」一詞。它的意思極其明確，指的是在戰爭中使用的方法或計謀。戰爭是國家之間的武力衝突，不僅會造成巨大的財產損失，還會導致眾多死傷。更有甚者，戰敗國消失於歷史中，其人民或成為戰俘，或成為流離失所的難民。因此，戰略聚焦於：取勝，並為達此目的，無所不用其極。

假使一個人把自己當前的狀況理解為戰爭，那麼會讓他不擇手段實現的目標就只有一個──生存。這個人將為了求生存不擇手段。這裡就產生一個矛盾。成立公司是為了向社會承諾會做有意義的事情。但我們現在假設公司處於戰爭狀態，那麼，我們現在該怎麼辦？是應該為了在激烈的戰爭中生存，而不顧他人死活？還是繼續做能體現公司存在意義的事？假如魚與熊掌不可兼得，我們應該先選擇哪一個呢？

白社員無法輕易回答。雖然他經常使用「戰略」一詞，但他從未將戰略與戰爭連起來思考過。戰略這個詞，暗示著我們的潛意識將這個世界理解為戰場。我們使用的詞彙與我們所理

解的世界是相似的。專家的電子郵件內容還沒結束。

　　要是這個問題讓您感到困惑，我換個問法：公司對社會承諾的那些有意義的事，究竟是為了生存的空泛藉口？還是不惜犧牲也絕對不能放棄的意義和價值所在呢？

　　戰略一詞使生存成為最高價值。在生死攸關的情況下，假如有人斥責您只談論意義和價值，您也無從辯駁。生存本能成了唯一動力。我在現場無數次見證這樣的情景。我們為何在這種老掉牙的斥責面前卻無言以對呢？或許是因為我們的生活哲學中，蘊藏這樣的思想：沒有任何事物比我的生命更重要，一旦我死了，一切都結束了。

　　您說大學讀的是哲學系，對吧？不知道您是否讀過《蘇格拉底的申辯》？在您撰寫講稿前，我建議您仔細閱讀這本書。假如生活的態度是「死了就結束一切，所以當務之急是活下去」。那麼 ESG 或企業的社會責任始終都只是商業策略。

　　假若貴公司代表和所有員工沒有充分理解這個世界，以及他們對自己工作在這個世界中的意義未能抱有堅定信念，那麼即使您準備了精采絕倫的報告，充其量只是場表演。祝您好運。

蘇格拉底的申辯

　　白社員深夜返家。坦白說，他並不完全認同那位專家的觀點。報告日迫在眉睫，他哪有時間閱讀那些老掉牙的書？他無法理解蘇格拉底如何幫助他解決 ESG 管理的問題。他甚至嘲笑學哲學的人，就是因為這樣才處處都是問題。

　　最後，他靠著整合前輩以往的報告和自己搜尋到的資料，完成了報告。此外，他也像其他新員工會做的事，加入一些演說技巧和幾個影片，加強視覺效果。就在這時，又發生一起事件。一些經銷商因為無法忍受現狀，在總公司大樓前開始無期限的絕食抗議，要求與公司老闆面談。四個擴音器發出的「誓死抗爭」口號，輕而易舉地穿透雙層隔音窗。ESG 組和公關組、法務組等部門密切聯絡，忙得不可開交。

　　最可怕的是媒體的關注。公司對經銷商採取不回應策略，卻對媒體宣稱問題將很快得到圓滿解決，並花錢買下以「共生管理」為主題的全版廣告。廣告中由蔚藍天空與生機盎然的森林為背景，純真的孩子展露燦爛微笑，孩子手中拿著印有公司標誌的氣球。

　　後來，事情發生得迅雷不及掩耳，四處都是尖叫聲。四個擴音器急促傳出尋找滅火器的聲音。有名經銷商試圖自焚。其他經銷商的哀號、攝影記者的快門聲、「快打 119」的驚呼聲，

中斷了充滿歡樂和恩賜的聖誕歌曲，一切回到現實。白社員在七樓休息室的玻璃落地窗前目睹這一切。那天是 12 月 24 日，平安夜。

隔天是聖誕假期，但他仍然去上班。抗議的帳篷和擴音器依舊克盡職責。白社員坐在辦公桌前卻什麼也做不了，他出神地看著前一天印好的報告資料，用黑色原子筆塗改了「與經銷商共同成長的公司」等深綠色字句，接著把筆扔了。那支筆正好落在《蘇格拉底的申辯》的書頁間。

難道不覺得羞恥嗎？

看來他曾經帶著這本書上了一學期的課。書中隨處可見黃色螢光筆畫過的句子，他特別留意紅色原子筆畫上星號標記的部分。

最傑出的貴族！您不就是來自智慧與力量兼備、聲名顯赫的偉大國家嗎？您致力於賺最多的錢，提升名望與榮耀，卻不關心智慧、真理以及使靈魂變得高尚的事。您難道不覺得羞恥嗎？

「難道不覺得羞恥嗎？」蘇格拉底的聲音彷彿迴響了數百遍。對蘇格拉底而言，拚命追逐金錢卻不關心自己的靈魂是種恥辱。但對白社員來說，這並不是恥辱，而是理所當然的事。沒有錢怎麼生活？若是蘇格拉底出生在 21 世紀的韓國，他或許會質問白社員：連自己都養不活，難道不覺得羞恥嗎？回想自己從哲學系畢業後，卻連一次像樣的面試都沒有的過去，白社員感到無比羞恥。然而，現在公司拯救了這樣的他。給他飯碗的人，難道不就是上帝嗎？

這時，擴音器裡傳出一段歌曲，歌曲以「活著的人啊，請跟隨」作為結尾。這是首對活著的人所唱的歌。白社員保證只要給他飯吃，他就會鞠躬盡瘁的同時，他開始思考自己是否還活著。活著的人能與自殺的經銷商老闆們一起成長嗎？自己的薪水是用他人死亡換來的錢，這真的正當嗎？作為親眼目睹自焚事件的人，包裝這些報告資料，使其更加華麗，這難道不覺得羞恥嗎？

「出於對智慧的熱愛，神命令我要審視自己和他人。倘若我因為害怕死亡或其他事，而離開我被安排的位置，那我就犯下可怕的錯誤。那絕對是可怕的事。」

蘇格拉底說自己是在遵循神的命令。他活在自己是否能夠

完成神使命的恐懼中。即使是犧牲自己的生命，仍義無反顧地完成神的命令，這就是蘇格拉底降生在這個世界上的原因。那麼神的命令是什麼呢？令人驚奇的是，就是「審視自己和他人的生活」。一種反思的生活！不僅僅審視自己的現狀，也不能放任家人、同事和鄰居的生活狀態，而是要讓自己思考，也讓他人思考，並且交流彼此的結果！這就是神命令蘇格拉底做的事。

白社員感到憤怒。什麼叫做反思的生活？只要賺錢就夠了，還要反省什麼？為什麼他要審視死去的經銷商和正在抗議者的生活？為什麼他要審視組長和同事的生活？今天的報告有誰會認真聽嗎？神沒有命令白社員，沒有人能對他下命令。這樣的事情只會發生在很久以前的蘇格拉底身上。白社員如此自我辯護，但是他面臨一個問題：他已經意識到自己有多麼懦弱。

「我」不能再要求「我」保持匿名；「我」不能再迫使「我」沉默。也許，人類默許了從弱者身上輕易獲得的不義之財。兒童虐待或老人虐待，本質上是對弱者的虐待。這種對經濟弱勢族群的虐待，就是白社員目睹的霸凌本質。默不作聲縱容對弱者的掠奪行徑是不正義的。人們之所以對這些事情保持沉默，屢屢成為幫兇，是因為沒有審視自己的生活。「難道不覺得羞恥嗎？」這個問題又在他的耳邊響起。

　　白社員從座位上猛然站起，在空無一人的辦公室裡絕望地吶喊。那吶喊正是那些自殺者、自焚者發出的聲音。是活著的人的聲音。

　　創造關於美德的故事，正是人類可以享受的最高級美好事物。不經審視的生活，對人類而言，是不值得過的。

　　人類能夠享受到的最高級美好事物並不是金錢，而是「美德」。我們需要創造關於美德的故事，只有當「我」與周遭人們增加關於美德的故事時，我們才能阻止人類想從弱者身上奪取東西的邪惡本性。不回顧、不品味、不反思的生活是沒有價值的。除了自己，沒有人會回顧自己的生活。除了「我」，誰會品味「我」的生活呢？除了「我」，又有誰有資格審視「我」的生活呢？白社員在自己只品味金錢的生活中，聞到了腐爛的氣息。他明白了為什麼這麼久以來自己一直在抱怨公司。事實上，那些咒罵是對自己的憤怒。

　　白社員回了封電子郵件給 ESG 專家：

　　感謝您對愚蠢的社會新人給予寶貴的指導。多虧您，我能夠用「心」閱讀《蘇格拉底的申辯》。我將更深入思考社會對敝公司的要求是什麼。我也會一直審視自己現在

做的工作，以及公司所做的事情對社會的價值與意義。感
謝您。

　　隨後，白社員寄了另一封電子郵件給組長：

　　組長，感謝您信任一無所知的新人，將這麼重要的報
告交給我。當我看著那些絕望的經銷商，我意識到沒有誠
意的 ESG 活動是毫無意義的。我認為我們這組現在需要
做的是用心傾聽經銷商們的故事，若是您能親自去見已故
經銷商的遺族，還有與正在進行絕食抗議的人們交談，就
再好不過了。好像只有在這麼做之後，我才能做出精闢的
報告。

11

活成公司附屬品的我，不再徬徨走出自己的路

讀赫塞的《德米安》

為了破殼而出的掙扎

「我現在過得好嗎？」「我為了什麼而活？」「做自己代表什麼？」每天上下班通勤時間，沉浸在無止境的思考中。看著地鐵或公車車窗映照出的自己，在日復一日的日常中，彷彿迷失了自我。在這些時刻，覺得自己不過是公司或社會中微不足道的零件。該如何克服這種焦慮與無力的情緒呢？

《德米安》中有我們尋找的答案。事實上，我們自己已經知道答案。我們都知道赫曼·赫塞的名言：「鳥兒奮力破殼，蛋就是牠的全世界。」所有你要找的答案都在內心深處，你需要做的就是找到方法去傾聽內心的聲音。

你需要做什麼才能打破蛋殼呢？

蟲子不會詢問人生意義

在像機器一樣運轉的公司裡，人就像零件一般工作時，偶爾會出現這樣的問題卡在喉嚨：「我是誰？我為何而活？」

前幾次，喝到瀕臨昏厥的酒局、廉價的東南亞旅行，那時還能避開這些問題，不需要明確的答案。但隨著時間流逝，這些問題變得更加尖銳和刺痛。我曾努力忽視，認為這些問題沒有答案，只會讓人感到憂鬱。但這些問題卻愈發尖銳地刺痛我的心。它們就像難以下嚥的魚刺，無論如何乾咳，吞下一匙飯，甚至將手指伸入喉嚨深處引起噁心感，它仍堅決不暴露真實身分。

車代理讀了 2017 年 7 月 1 日的日記。他的到職日是 2014 年 7 月 1 日，也就是說，這是他進公司滿三年第一天的日記。常言道，即使是寺廟裡的狗，經過三年的耳濡目染也能吟誦詩歌。但車代理過了三年，不會吟詩作對就算了，他終日默唸的卻是辭職信。對於「我是誰」、「我為何而活」這種深層的根本問題，其實是無解的。

儘管有時候他有過短暫地「啊，就是這樣！」的頓悟，但很快又陷入迷惘。他試圖透過尋找工作意義，想著家人與親朋好友以緩解這種感覺，但這樣做也有限度，只是讓心更加不安。這些問題是自己創造的卻無法親手解決，這使他感到窒息

與不安。

車代理又找出 2019 年 7 月 1 日的日記，想看進公司五年後，情況是否有所改變。

要是我是一隻蟲就好了！我就不用尋找自己存在的意義，只需要無憂無慮地尋找食物碎屑，勤奮地移動就能生存。我會為那份勤奮感到自豪。為什麼我要以人類的身分來到這個世界，不停地對自己提問，並尋找那個意義呢？我不明白。但我不想像卡夫卡小說《變形記》的主人翁一樣死去。假如變成被家人背棄，被掃帚清除的存在，那生命豈不是太虛無了嗎？既然一旦生而為人這些問題就無法避免，那麼我也別無選擇，只能與之搏鬥，但隨著時間流逝，這場戰役變得愈來愈混亂與痛苦。

真是可悲。即使過了三、五年，內容還是一樣，真是浪費紙張。說實話，就算是 2022 年 3 月 1 日的日記，車代理也沒有信心寫出不同的內容。

車代理今天又坐上了上班的公車，他的表情像是游蕩於陰陽兩界的活死人。不過今天是個幸運日，車上有空位。他要死不活的表情消失了，臉上只留下活力。他一個箭步佔據空位，沒想到公事包卻砰地一聲，重擊了旁邊學生的臉龐。他連忙向

學生鞠躬道歉：「真的很對不起，你沒事吧？」車代理慌張地檢查學生紅腫的臉頰，並撿起掉在地上的書、拍掉灰塵，遞還給他。那本書的書名是《德米安》。

　　車代理一屁股坐在自己的辦公椅上，表情顯示再次回到陰陽交界。他想起那名學生發紅的臉頰，感到自己無比可悲，使勁拍打自己的頭。「我怎麼會蠢成這樣，為什麼動作不能更優雅從容呢？都 32 歲了，一大早就丟臉丟到家。」他努力尋找自己身上的優點，但始終找不到任何令自己滿意的地方。

　　當他趴在桌上陷入悲觀時，想起自己替學生撿回的《德米安》。《德米安》？好像讀過。內容說些什麼呢？下班後，車代理直接前往公司附近的書店，站在書店裡閱讀《德米安》。

活出自我，為什麼這麼難？

　　《德米安》的開頭是這樣的：

> 我曾嘗試活出自我，但為什麼會這麼難？

　　似乎不僅僅是我，對每個人而言，活出真實的自我都是件難事。《德米安》被認為是赫塞的自傳體小說。赫塞深諳文

學、哲學及佛教。他也說，做真實的自己非常困難。車代理不知為何感到有些欣慰。

> 人生就是朝著自我認知的道路前進，是不斷追求這條路的過程……迄今為止，沒有人能完美地成為自己，但每個人都在努力成為自己。

為什麼人類無法完美地成為自己卻依然努力嘗試？假使這麼多人失敗，是否代表真實的自我其實並不存在？這場沒有終點線的賽跑，什麼時候才能停止？

赫塞將他追求自我的方式解釋為「寫作」。他透過寫出「關於我自己的故事，也是關於一個人的故事」來追求自我。此外，他還說：「我意識到一個人的故事可以成為所有人的故事。」據他所說，人的存在不僅僅是自己，同時是世界相遇的交會點。

他還坦言：「我不再僅僅透過仰望星空或翻閱書籍尋找，而是開始傾聽體內血液發出的聲音所傳達的訊息。」我體內血液的聲音傳達的訊息！我的生命與世界碰撞時，所發出的聲音究竟包含什麼訊息？是要我賺更多的錢？爬到更高的地位？或是讓更多人臣服於我腳下？

他的作品《德米安》以「我們可以理解彼此，但生活的意

義只能由自己判斷」開始，從光明與黑暗兩個截然不同的世界開始他的故事。

光明與黑暗兩個世界

書中主角辛克萊站在兩個世界的交界處。這裡所說的兩個世界，就是光明與黑暗的世界。光明的世界是父親的世界，充滿了光明、純潔、仁慈、聖經、讚美詩與聖誕派對，既美麗又神聖。要想過真正的成功人生，就不能脫離這個世界。相反地，黑暗的世界是僕人與工匠的世界，這裡有幽靈、屠宰場、監獄、酒鬼、強盜、謀殺與自殺等。一旦陷入其中，就會真正毀掉自己的人生，必須儘快逃離。

說到這裡，辛克萊感受到一種奇怪的感覺。他明白了一個事實，那就是光明與黑暗這兩個永遠無法和解的世界，交織在一起。

曾與家人一起唱著聖歌的女僕，在與肉鋪女老闆爭吵時，會發出惡魔般的叫聲。本應誠實的自己，也會在同齡人面前虛張聲勢地編造英雄故事，結果陷入不斷受敲詐的困境。為了付錢，他在恐懼中反覆偷竊與撒謊。光明與黑暗的界線在辛克萊的心中交纏難解。或許這樣的界線本就不存在？我一直都被騙

了嗎？這些從未經歷過的經驗，如刀割般在少年柔軟的心上留下痕跡。

> 「這些沒人預料到的經歷，會在我們的命運中逐一畫上內在與本質的線條。這些刀割與裂痕似乎隨著時間不斷擴大、癒合，最終被遺忘。但在我們心靈最隱密的暗室中，它們仍舊原封不動地存在，持續流血。」

努力工作，對得起你的薪水吧！提高利潤，創造最佳業績吧！公司的光明世界充滿了神聖的金錢。人性、同事情誼、社會責任，好像都屬於黑暗的世界，隱藏在檯面下被低聲議論。車代理想盡辦法讓自己歸屬於公司的光明世界，雖然不容易，但他還是努力到現在。他自我斥責著：「每個人都這樣生活」、「不要特立獨行」。因此，他現在能冷漠地完成那些曾讓他良心不安的事情。

可是，那些曾讓良心不安的事，難道不應該繼續讓我感到不安嗎？若是能輕鬆做出良心無法承受的事情，豈不是扭曲了我美好的本性？車代理心想，在默許捨棄人的尊嚴與良心的自由氛圍中，他吞下公司伙食，卻感覺自己吃下的飯粒就像玻璃碎片一樣到處扎進心裡。這些玻璃碎片刺傷了他內心深處的德米安，可能仍不斷流血中。

將自主權拿回自己手裡

　　公司是一個系統，系統依照手冊運作。因為這本手冊在設計時沒有考慮到個體差異，因此，個體的個性成為系統故障的原因。團隊領導者的職責之一，便是控制團隊成員的獨特個性，以免破壞系統。控制技巧主要有兩種：胡蘿蔔與棍棒。這全都是為了一個目標——讓團隊成員敬畏公司而設計的。藉由胡蘿蔔和棍棒，團隊領導者希望團隊成員得到自己的許可後，才能決定於何時、何地、如何以及為何展現自己的個性。成員在冷水浴和熱水浴之間徘徊，有時受甜蜜的香氣吸引，有時則因痛苦而尖叫，逐漸將自己的自主權交給團隊領導者。

　　「無論面前是誰，都不需要害怕。但倘使我害怕面前的某人，那是因為我將控制自己的權力交付於他人。」

　　活出真實自我的最大障礙是恐懼。「如果我保持個性，做自己，我能維持生計嗎？組長會不會替我貼上『多嘴、不知足、績效差』的標籤？我會因為這些標籤而落後同事嗎？會不會被後輩超越？如果因為我，系統出了問題怎麼辦？管他什麼個性還是人權，先讓別人看好自己不是很好嗎？好的事情就是好的，不是嗎？」

　　無法給自己美好事物的人，總是活在恐懼中。恐懼侵蝕著個人的自我價值。人們常常認為自我價值由他人定義，這是將對方當成自己的主人，自願成為他人的奴隸。奴隸常常留意著主人的臉色，不會自主決定該做什麼，不該做什麼。因為他們知道，自己的決定最終會被別人評估。在他人眼中，他們可能是英雄，也可能是廢物。

　　把賦予自己存在意義的權力交付他人之手，等同將自主權交給團隊領導者。車代理不禁悲從中來。

　　「我們必須依靠自己的力量去發現什麼是被認可的，
　什麼是被禁止的。」

　　我們必須憑藉自己的力量決定該做什麼，不該做什麼。沒有這種力量的人，只能成為奴隸，等待主人發號施令。無論是根據團隊領導者的評價而徘徊於天堂與地獄之間，或是根據自己的價值觀過著充滿自我個性的生活。車代理意識到這個決定權都在我們自己手中，他閉上了眼，沉思。當他再次睜開雙眼時，下一句話清晰地映入眼簾：

　　「命運和心靈只是同一概念的不同稱呼。」

鳥兒努力掙扎破殼而出

車代理還記得這句話「鳥兒奮力破殼，蛋就是牠的全世界」，因為這句話令他感到激昂，還曾多次抄寫在筆記本上。為什麼他這麼喜歡這句話？或許是因為以下原因：它象徵著昨日與今日相同，明日與今日一樣沉悶乏味的生活，就像等待打破的蛋。這是一場努力打破脆弱並順應現實的鬥爭，而這句話就像是往車代理這樣的人手中放了能打破蛋殼的棍棒。破殼而出、鳥兒振翅。牠的臉龐似曾相識。「啊，是我的臉！」車代理開心地幻想著，他怎麼能不喜愛這句話呢？

> 想要誕生的人必須打破一個世界。鳥兒飛向了神，神的名字是阿布拉克薩斯（Abraxas）。

其實，車代理從未想過要打破自己的世界。他只是希望能稍微拓寬一些自己現在的世界。「外面是戰場，很可能不幸被炸彈碎片擊中，從而喪命。需要有鐵甲做成的防護罩，才能避免這種不幸。但為什麼要去打破它呢？是傻瓜嗎？」他的心中時常響起這樣的聲音。

但是，那些期望誕生的人必須打破一個世界。他們的世界裡，充斥著因無數失敗與傷痕形成的紅色 X 標記。那些 X

標記不斷地呼喊著：「不能越過那條線！會惹麻煩的！我試過了，沒用的！別說話，沒人聽你的意見！努力只是白費！不要指望能改變人。」

在這樣的地方，即使想要努力尋找可能性，也幾乎是不可能的。哪怕自己正在慢慢地死去。

關於蛋，車代理仔細地思考過。蛋被認為是充滿可能性的世界。蛋將蛋白和蛋黃結合在一起，創造出生命。「蛋」的混沌秩序蠢蠢欲動，朝著成為一隻鳥兒的方向前行。它是既定的，但其實是未知的，只是朝著命運賦予的某種東西變化。「難道尋找某物的過程就已經是『我』本身？難道這就是為什麼，長期以來我無法準確指出『自己就是這樣』的原因？」車代理感到自己似乎開始理解某些東西。

倘若如同河水流淌的旅程本身就是我，那我一直以來夢想的自我形象又是什麼呢？「這就是我！在公司表現出色，領取高薪的人就是我！」如此大聲宣稱指向的自我形象，難道其實是阻礙我尋找自我的事物？

蛋是充滿界線的世界。破殼而出的鳥兒，朝著無邊無際的天空飛翔。自古以來，鳥兒被視為天空與大地的媒介。東西方歷史上，許多薩滿的裝扮是利用鳥的面具和羽毛，以此表明自己是天空與大地之間的溝通者。「那麼，鳥兒是否象徵著我與世界並不是分離的？鳥兒是否象徵了為將我們和天空世界聯繫

在一起的不懈努力呢？」

　　阿布拉克薩斯正是這隻鳥兒飛向的地方。脆弱的自我如同輕輕一碰就會破裂的蛋，破殼而出的鳥兒不再將自己與世界分開。牠同時飛翔於自我與世界之間。車代理尋思片刻，將自己困住許久的蛋是什麼？又是什麼阻礙自己振翅高飛？

告別令人瘋狂的職場生活

　　公司充滿了界線與限制。因為需要確認誰來負責，所以工作被細分，功能也被切割。儘管人們試圖經由系統連結細分的工作和分割的功能，但就像用膠帶黏合破碎的陶瓷一樣，既難看又不穩定。

　　而且，系統沒有真正激發人心的情感，只有手冊。因此，它無法捕捉人類心靈產生的複雜又微妙的情感，完全不了解因為無法做自己而產生的心靈裂痕。人與人之間的聯繫、微笑交流等，都被視為系統錯誤。儘管如刀刃般鋒利地探查究竟，卻得不到一點人情味。在這樣的環境下，我們幾乎像機器一樣地生活。

　　閱讀《德米安》的過程中，車代理喚醒了內心深處另一個厭倦職場生活的自己。「你在哪裡？你還好嗎？你還在那裡

嗎？我該怎麼樣找到你？」在心情如此沉重的車代理眼中，下一句話格外鮮明。

　　我只為從內心自然湧現的事物而活，除此之外，我沒有做過任何努力。

　　遵循德米安的建議，車代理停止把自己與他人比較。他決定不再像書中的比喻那樣，生為蝙蝠卻努力成為鴕鳥。他反覆思索德米安的話：「每個人真正的使命只有一個，就是實現自我。」他認為，或許自己快陷入瘋狂的感受是個信號，表明他愈來愈接近內心的德米安。

　　奇怪的事情隨後發生了。車代理開始能夠愛自己。當他專注於自己內在事物時，開始感受到生命的能量。每當遇到重大事件時，他都先照顧內心深處的自我。內心的自我告訴他，年薪與職位並不那麼重要，最重要的是保持和維持自己的個性，發現自己的獨特處！這正是他被賦予的使命，沒有人能代替他完成的任務，只有車代理能做，也是必須達成的唯一任務。

　　尋找真正的「我」的道路並不平坦。這條路上沒有任何人，同行者唯有一人——內心深處的自我。走在這條路上，會因死亡的刺鼻味而不時回頭，以及不斷縈繞的焦慮讓人擔心自己會被孤立或落單。然而，《德米安》中的艾娃夫人問道：

「問問你自己吧，那條路真有那麼難走嗎？真的那麼艱難嗎？儘管如此，它不也是美麗的？你知道比這更美麗、更簡單的道路嗎？」

沒錯。無論多麼困難和艱難，「我」別無選擇，只能作為「我」而活。倘若自己放棄自己的生活，沒有人會在乎。每個人都因自己的生活重擔而忙碌，誰會去關心一個自己拋棄的生命呢？必須堅持到底，追求自己的夢想，不能讓任何事物阻止「我」尋找自我的旅程。

「每個人都需要發現自己的獨特夢想，一旦發現，道路就會變得更加容易。當然了，沒有任何夢想是永恆的，但總會出現新的夢想。所以，無論是何種夢想都不應該過分執著。」

車代理覺得自己需要一個新的夢想。夢想必須永遠是新的。他決定將過去七年的公司職場經歷整理成日記，並出版成書。日記裡記錄了他在公司經歷的無數挫折，還有比挫折更多一些的夢想。就像赫曼·赫塞一樣，他也透過「寫作」追逐自我。現在，他決定應該把這個朝氣蓬勃的自我選擇過程，與和他同樣陷入困境的人們分享。

12
來自離職前輩猝死的啟示，
學會真正活過

讀托爾斯泰的《伊凡・伊里奇之死》

寫給每一個人的死亡預習課

上班族在公司上班期間，會經歷各種各樣的人生大事。假如只有結婚生子這樣的喜事固然好，但其中也存在不幸的事。讓人打擊最大的就是公司同事逝世。

故事中的「我」，最近聽到剛退休的部長去世的消息。一個人的離世經常喚起所有相關在世者的聯繫。聽見部長的訃告，周遭同事的反應讓「我」陷入深思。接著，「我」在偶然讀到的一本書中看見類似場景。奇怪的是，以1880年俄羅斯為背景的《伊凡・伊里奇之死》，書中描述家人和同事的反應，對生活在2022年的「我」來說並不陌生。

「死亡」真的離我們遙不可及嗎？倘若我死了，人們會有怎樣的反應？我們從某人的死亡中能學到什麼？

某一天，離職的公司前輩去世了

「今天要去嗎？」

「是的，當然要去。」

「一起去吧。大家都說沒必要參加已經退休的人的葬禮，都不去。」

前部長去世了。回想起當年我面試加入這家公司，提交履歷那一刻，作為人資部部長的他看見我親筆手寫的履歷，顯得十分驚訝，感嘆許久未見過手寫履歷了。他審閱許久，我心中暗自慶幸，先前擬定的策略似乎奏效。後來我進了公司，才曉得是他大力推薦，我才得以入職。當時的部長是公司王牌，他的意見大多會被採納，所以說，他成了我得以進入這家公司的恩人。

因為這樣的緣分，我有意送部長最後一程，但其他同事並不這麼想。公司的王牌經常受人嫉妒，換言之，樹敵眾多。2008 年金融危機時，公司推動企業重組，部長接下這個燙手山芋。他不得不做出艱難的決定，半自願半非自願地成為「手染鮮血的劊子手」，企業重組的對象恰好包括平時與部長有衝突的競爭對手。這使得問題變得更加複雜。在不知道裁員對象是誰，具體犯了什麼錯誤的情況下，彼此猜忌與陰謀論籠罩整間公司。

　　一切都會成為過眼雲煙，企業重組亦是如此。倖存者舉行了盛大而喧鬧的慶祝宴會，正如歷來的劊子手最終總是遭遇兔死狗烹，部長並未被邀請參加宴會。在經手企業重組的任務結束後，部長就立刻辦理退休了。據說，公司老闆認為「由於前部長的個人私慾，導致企業重組過程中出現許多問題，耽誤許多時間」。但在二次創業典禮上，老闆卻致詞說重組轉型順利達成，公司前景一片光明。真相到底是什麼，無人知曉。

　　我不記得具體從何時開始，部長曾一度在公司出現。他好似忘了自己曾誓言永遠不再踏入公司。雖然，保全在一樓大廳擋下他，令他無法如願進入辦公室。但在那之後的幾個月，他幾乎每天徘徊於大廳。

　　我後來才知道部長罹患了失智症，並出現徘徊遊走的現象。這一類的失智症患者會漫無目的四處游蕩，有些人會隨意走到自己能走到的地方，有些人會任由殘留的記憶碎片如擔架般托著他們前行。部長屬於後者，他的記憶將他帶回到公司。在公司大廳裡，他不停地四處張望，彷彿第一次來到這個地方。大廳的室內裝修，曾是部長花費好幾個月不眠不休、親自監督的專案。

　　當時，同事們竊竊私語，議論混雜著同情與嘲諷，後者的數量約是前者的十倍。我覺得至少應該打個招呼，於是鼓起勇氣，就像在吃午餐的路上偶遇一樣，熱情地向部長打了招呼。

然而，部長完全沒有認出我來。

　　靈堂遺照中的部長表情相當平靜，看起來像是提前準備好的照片。他的臉上有肉，眼睛看上去很小，下巴線條柔和。那天部長沒有認出我，而他憔悴的臉色令我感到心酸。相對來說，他的遺照則讓我感到一絲慶幸。我不確定「慶幸」這個詞是否合宜。

　　負責喪事的部長兒子一臉困惑，他似乎沒想到會有公司的人過來致意。我將公司福委會送來的花圈放在一邊後，大致聽說了部長過世前的生活。

　　部長因為失智症產生的徘徊現象到處遊走，以至於遭遇嚴重的車禍。當這種情況反覆發生，他被送到療養院住了約莫一年。在過世前的六個月，他已經無法自理大小便。部長的兒子說，有時自己和父親愉快地聊天，但當護理師問父親是否知道聊天的對象是誰，父親會說不認識。另外，部長曾因劇烈頭痛，用頭去撞牆。他直接的死因是腦瘤。這使我想起部長總是因為頭疼而皺眉的模樣。

　　遺像中的人物隨時可能變成我。自從參加葬禮回來後，我無法正常工作，食不下咽，對生活也失去興趣。想到一個人自出生，工作了一輩子，最後就這樣孤獨地死去，何其虛無。我似乎註定要像這樣困在公司一生，最終孤獨地離開人世。而且，雖然被工作了二十多年的公司遺棄，誓言絕對不再踏進

公司一步，最後部長還是回到了那裡！我不禁想像，假如患有失智症的我回到公司，我彷彿能聽見人們在我背後的議論與嘲笑。衰老、死亡、失智症是無從避免的。不管我的生活多麼美好，這三件事都不會通融，它們正一步步地向我走來。沒有人能夠阻止它們的腳步，也沒有人能夠逃避。

我感到不安，手開始顫抖，頭痛反覆發作。我在這次的定期健康檢查中增加了頭部電腦斷層掃描。部長生前健康的模樣、頭痛的模樣、罹患失智症的憔悴臉龐，以及他的遺像，在我的腦海中浮現又消失。我本就不願意孤獨死去，更不想在忘記自己的名字與家人的情況下離開世間。然而，這沒有有效的對策。我第一次真切感受到人類的渺小與局限。

第二天早晨，我懷著複雜的心情上班。無論誰去世，公司都會如常運作。即使我死了，也會是如此。死去的人的位置隨時成為某人的晉升機會。這樣鬱悶的想法接連出現，我對工作產生了恐懼感。

這時，電腦螢幕右下方跳出公司內部通訊軟體的通知，是公司讀書會下個月的聚會公告。在這種情況下，讀書會令我感到厭煩與火大。我後悔自己加入讀書會。和公司同事進行認真交流，這個想法本身就很荒謬。如果我不出現或是離職，那些人就會抓住機會說我的壞話。假如我得了失智症或過世，那些人可能幸災樂禍地說：「這種人活著也是窩囊，死了更好。」即

使不這樣，也會有冷漠的人對我的死訊無動於衷。我要和這種人討論什麼書？在充滿犀利與冷嘲熱諷的眼神中，我隱約看見通知裡的書名。「死」這個字眼比其他詞彙都來得醒目，我眨了眨眼，重新看清楚，書名是《伊凡‧伊里奇之死》。

人們都怎麼看待死亡

伊凡‧伊里奇去世了，葬禮日期和時間公告在報紙訃告欄。翻閱報紙的人都是愛戴他的同事。儘管他們愛戴他，但生者和亡者是嚴格分開的兩個世界。因此，生者習慣用對自己生存有利或不利的方式，區分所有事情。

有傳言說，他死後將由阿列克塞耶夫接替他的職位，
而阿列克塞耶夫的位置則將由文尼科夫或施塔別爾接替。
因此，辦公室裡的高階主管一聽到伊凡‧伊里奇的死訊，
首先想到的是自己和同事的職位可能因此而調動或晉升。

我好奇地嘗試大聲唸出那些陌生的俄羅斯名字，發現很難正確發音。但是，他們對於同事之死的態度對我來說並不陌生，反而非常熟悉，熟悉到我苦笑起來。其中一人正享受伊

凡‧伊里奇之死帶來的升職前景，期待自己能獲得私人辦公室和加薪。而另一個人則設法透過關係，將自己的姐夫調到更好的職位，他非常開心，如此一來就能在曾責備他沒盡到丈夫職責的妻子面前，揚眉吐氣。活著的人們就是如此。在他人的死亡中，尋找自己的生活樂趣。

「但是他到底得了什麼病？」「我過年之後就沒去看過他，本來想去探望的。」「不知道他留下多少遺產？」這些熟悉的話語來來去去。出於禮貌不得不參加追悼會的煩惱、追悼會後的牌局、怎麼在故人面前畫出十字、在遺族面前該說什麼安慰的話等，這些輕盈無比的憂慮圍繞著死亡場景，不管是在1880年的俄羅斯或是2022年的韓國，人們面對死亡的態度驚人地相似。看來，生者對待亡者的態度具有超越時代和國界的共同點。生者本能地歸屬於生者的圈子，相反地，亡者則歸屬於亡者的圈子。這種本能輕易地跨越了時代與國界。生與死的區分使其他所有區別顯得微不足道。

當人們讀到報紙上我的訃告，會想什麼呢？我的死亡將為生者帶來哪些生活樂趣？這並不代表他們不愛我。托爾斯泰不也寫了？大家都愛著伊凡‧伊里奇。所以，不要懷疑。他們都是愛我的人。實際上，這並不難理解。生者究竟能為亡者做些什麼？生者就應該和生者生活在一起，畢竟亡者是不會說話的，不是嗎？

就像任何人聽到親近之人的死訊一樣，他們感到寬慰。因為死的不是自己，是他人。

「能怎麼樣呢，死都死了，但我的生活還是要繼續啊。」

我一直同意這種看法，逝者已逝，活著的人生活終究要繼續。所以，我不會埋怨同事和朋友們的態度和言語。事實上，「逝者已矣，來者可追」是我在葬禮上最常用的安慰話語之一。大多數聽見這句話的人都會點頭同意。但那時我完全沒有想到，他們的心會因為這句話而感到寒冷、疼痛。「逝者已矣，來者可追」不就是「死都死了，但我的生活還是在繼續」的另一種說法罷了，不是嗎？我突然感到愧疚，我應該不發一語、溫暖地給予擁抱就夠了。

擁有世界上獨一無二的朋友會是什麼感覺呢？假如死去的朋友是從小一起長大，一起度過學生時代的摯友，並且成年後在同一家公司工作的同事，那麼活著的朋友是否會有不一樣的哀悼方式呢？書中的伊凡・伊里奇和彼得・伊凡諾維奇正是這種關係。沒人能否認他們是最親密的朋友。彼得・伊凡諾維奇聽說朋友慘死後，頓時感到毛骨悚然，開始害怕起來。他受到的打擊當然比其他人更大，但他並沒有進行特別的哀悼。

「他經歷了三天三夜的極度痛苦才去世。這隨時可能發生在我身上。」

縱然如此，這些感覺與恐懼並沒有持續太久。原因是，首先死亡被巧妙地偽裝成只發生在亡者身上。彼得·伊凡諾維奇「彷彿認為死亡是只發生在伊凡·伊里奇身上的特殊事件，與自己無關」，輕鬆擺脫了死亡的氣氛。

其次，彼得·伊凡諾維奇聽說朋友極度痛苦，其實不是他朋友親自經歷的，而是朋友的妻子，也就是生者的痛苦。正如托爾斯泰所描述，「彼得·伊凡諾維奇聽到的並非伊凡·伊里奇實際遭受的痛苦，而是這種痛苦對普拉斯科維婭·費多洛芙娜（遺孀）造成的精神刺激」，這不過是透過她生動地描述聽到而已。生者生動演出的苦痛掩蓋了亡者真實的痛苦。

第三，生者的生計問題無論何時何地都會突然出現。伊凡·伊里奇的妻子向彼得·伊凡諾維奇諮詢「丈夫去世後，國庫會給予什麼支援」。為什麼說是「諮詢」呢？因為她已經知道自己能從國庫得到什麼，她只是向丈夫最親密的摯友詢問是否有其他方法獲得更多。生者可以像鬼魂一樣敏銳地察覺這些問題背後的動機。也許是因為這個原因，伊凡·伊里奇的摯友彼得·伊凡諾維奇匆匆離開追悼會，跑去參加牌局。

我現在開始感興趣伊凡·伊里奇的生活，和他在痛苦中對

死亡的思考。我想聽到的不是生者的痛苦，而是垂死之人親口描述的死亡過程。我想嘲笑他，斷定他用不正確的方式生活，以至於死去時如此孤獨、痛苦，被妻子、朋友和同事迴避。人生不就是因果報應嗎？我連忙翻開書頁，希望確認自己的想法是對的。

很快就會好轉，是顯而易見的謊言

然而，我的預測完全錯誤。我自信滿滿的表情就像支朝靶心飛去卻無力地掉落地面的箭矢，變得慘淡無光。倘若生活真是因果報應，那我可能比伊凡‧伊里奇更加悲慘地死去。45年來，他過著極其平凡、一般的生活，這反而可說是出色的一生。小時候，他是家裡的驕傲，是「聰明、活潑、人見人愛、舉止得體」的人，以優異的成績完成學校所有課業。此外，他也擅長經營職場生活。

他認為自己的責任是，執行所有地位比自己高的人所認為正確的事。

作為上班族，我深知這有多困難。他公私分明，絕不濫用

職權，身為上班族的我比任何人都清楚這有多偉大。托爾斯泰平淡地寫道，他的生活「沒有太多變化，非常順利」。因此，伊凡·伊里奇無法理解自己正在走向死亡的事實。

儘管伊凡·伊里奇在內心深處明白自己快要死了，卻始終無法接受。無論他多麼努力理解，這對他來說都是無法理解的。

他認為自己與他人是不同的特殊存在，因此一直覺得死亡是別人的事，與自己無關。然而，死亡是強大的。出生與死亡是支配宇宙的兩大支柱。沒人能夠逃避死亡。即使多年來熟練的審判工作，也沒能將他從死亡中拯救出來。相反地，死亡輕而易舉就破壞他的判斷。伊凡·伊里奇再也無法隱藏自己想要隱藏的東西，死亡使他變得透明。所有人都能透過死亡輕鬆洞察他的內心世界。

明知自己面臨死亡，但他無能為力，只能眺望死亡，沉浸在恐懼中。

我還未曾直接面對自己的死亡，只有目睹過別人的死亡。雖然我不認為自己特別優秀，但我對死亡的態度顯得輕蔑。現

在想來，我彷彿自以為永遠不會死一樣，只顧著生活。可能我無意識中想儘可能遠離死亡。實際上，或許是因為大家都這樣生活，所以對於死亡我沒有過多思考，只是隨波逐流。我們不都學過，如果不知道就跟著別人做或者保持沉默嗎？但看到伊凡·伊里奇獨自面對死亡，我真心感到恐懼。

　　若是死亡這頭恐怖的野獸隨時潛伏在生活中，準備吞噬我平靜的日常，那麼我的人生能稱得上順利嗎？假使我直接面對死亡，我可能變得僵硬，即使不知道自己做錯什麼，我也會不停地重複「我做錯了」。假若早知道死亡，我就不會這樣生活，我會在後悔與憤怒中爆發，尋求未知的寬恕。我的整個生活都會崩潰，在生活的廢墟中，我將會如何？

　　　假使我不存在會怎樣？
　　　這是否意味著一無所有？
　　　如果我消失了，我將在何處？

　　作為從來沒有提出這些問題的人，我因伊凡·伊里奇之死帶來的不適感覺得無比困惑。我腳下的地面在搖晃，天空似乎正在塌陷，我現在身在何處？死亡對待我如同一個失蹤者，就像不管做什麼都無關緊要的存在。

　　如今，所有人只關心這件事；他何時才能從痛苦中解脫，離開這個世界？還有，他們什麼時候能擺脫煎熬，不用老是守護在這個病人身邊？

　　死亡將人類徹底孤立。那些未曾直接面對死亡者，絕對無法理解正走向死亡的人。他們只會感到不適與窒息。被死亡俘虜的只有「他」一人，在他身邊的照顧者的「生命力」彷彿在說：我與死亡無關，請將我從「他的死亡」中解放。再深刻的人際關係，也無法從死亡的堡壘中拯救垂死之人。他們畢竟看不見死亡！我為這種羞恥的孤獨感到顫抖。

　　即使是鴉片和嗎啡也無法減輕死亡的痛苦，兒女同樣無法陪伴死亡。伊凡‧伊里奇希望人們像哄小孩一樣安慰他、撫摸他、親吻他，只為他哭泣。然而，身邊的人只對他撒了顯而易見的謊言——「很快就會好轉」。在那之後，他們又逃回自己的生活。這種謊言是造成伊凡‧伊里奇痛苦的事情之一。

　　這就是為什麼，伊凡‧伊里奇在僕人格拉西姆身邊時最自在。因為格拉西姆不會撒謊。

　　「既然總有一天我們都將死去，那麼為什麼不能做這些辛苦的工作呢？」

　　這句話包含一個真理，即他也是終將死去的人。這是坦誠的告白，代表他也是脆弱的人，以至於不得不請求別人處理自己的死亡。一個垂死之人，只有在承認死亡的人面前才會感到舒服。人類的痛苦只能由經歷過相同痛苦的人才能減輕。有些疾病，只有戰勝過它的人才是最好的醫生與處方藥。

與靈魂的對話

　　伊凡·伊里奇開始像個孩子一樣大聲哭泣。
　　「為什麼要給我這樣的痛苦？
　　為什麼要讓我這麼痛苦？
　　為什麼要這樣折磨我？」

　　他多次問「為什麼」，想知道原因。若知道這種極度痛苦的原因，是否能減輕一些痛苦？無緣無故遭受這些痛苦不就是最大的悲劇嗎？對於人類來說，「無緣無故」就像是魔鬼的另一個名字。就在這時，神奇的事情發生了。他感知到一個靈魂的聲音，一個從內心深處響起的聲音。

　　「你需要什麼？」

伊凡‧伊里奇回答：「不再受苦，繼續活下去。」他與自己的靈魂進行了對話。

活下去？怎樣活下去？

「怎樣？就像以前一樣，幸福快樂。」

「你以前是怎麼生活的？你真的感到幸福快樂嗎？」

伊凡‧伊里奇無法輕易回答。因為曾經感到幸福快樂的所有事情，現在都令他感到噁心，幾乎令他作嘔。隨著死亡逼近，曾經快樂的事情變得虛無且可疑。但生活始終一樣。每過一天，就是一天生命的消逝。伊凡‧伊里奇無法相信，生活竟然如此無意義和噁心！沒有理由，不是因果報應，只是單純的死亡！不，一定有某種原因，一定要找到明確的原因。

「也許過去我一直用錯誤的方式生活？」

他審視自己活在生死邊緣的生活。他和我一樣，曾認為死亡是因果報應的謎題。死亡必然是對我過去錯誤生活的懲罰，這樣才能留下「假若我過去用正確方式生活，或許就不會死」的可能性。如此一來，即使是現在，假如我真誠反省並正確地生活，就有希望避免這種殘酷的死亡。

　　這算什麼？我真的要死了嗎？他內心的聲音回答：「是的，確實如此。」為什麼我要經歷這種痛苦？然後，內心的聲音又回答：「就是如此，沒有理由。」

　　我嘆了口氣。一個平凡且誠實的人，遭受的痛苦是純粹的。人類在走向死亡的痛苦過程中，並沒有特別的原因。本來就是如此。此時，書變得難以繼續閱讀，我的神經也變得異常敏感。患有失智症和腦溢血而死去的部長，沒有特別原因。我不知何時，也不知將如何死去。我的死亡也只是那樣。「就是如此，沒有理由」這樣平靜的話語卻猛然地跳躍著，撕裂我的心。

　　一個有尊嚴的人就這麼悲慘地死去，失去寶貴的生命卻沒有任何理由。那麼人為什麼而活？倘若人類的痛苦本就如此，那人類的生命也只是偶然事件嗎？人的生與死不過是夏日暴雨般的一陣騷動，突然傾盆而下，隨後消失，彷彿什麼事都沒發生過，天邊高掛彩虹。而被那場雨淋溼的我，沒有理由，就是如此。

　　「我不想死！」這樣的細微吶喊如尖叫一樣延續。伊凡・伊里奇甚至無法對家人說出最後一句話。他最後想對家人說的是：「原諒我」，但最終說出的卻是「讓我走吧」。生命的最後時刻，尋求的寬恕變成了自私的懇求。從某一刻起，對他來

說，痛苦與死亡都不再是問題，他看見光明而非死亡，並感到
喜悅。

就在那時，有人低頭看著他說：「他去世了！」

我將成為自己的希望

在我即將因生命的無意義而暈倒之前，勉強讀到最後一段
有意義的話。這是伊凡‧伊里奇死後心中不斷重複的話：

「死亡結束了，再也沒有死亡。」

我第一次嚴肅地思考死亡。哲學家伊比鳩魯的話浮現在
我腦海，他明確地解釋了：「我活著的時候，死亡沒有來；死
亡來時，我已不在，所以無須害怕死亡。」他將生與死視為兩
極，就像東方與西方是互相對立一樣。但托爾斯泰的看法不
同，他似乎將生與死視為硬幣的兩面。對他而言，死亡的結束
代表同時終結了與死亡相伴的生命。死亡不再存在，就代表著
生命不復存在。

為什麼托爾斯泰要在最後宣告生與死是一體的？是因為如
同黑暗使光明更加突顯，死亡使生命更加珍貴嗎？就像人的雙

眼只有在光明與黑暗共存時，才能看清世界；而人的心靈是否需要生與死共存，才能真正地理解世界？

　　我感覺到某種東西正在蠢蠢欲動。我開始認為死亡不是結束我生命的劊子手，而是使生命變得更真實的朋友。倘若沒有死亡，也就沒有生命。就像白天和黑夜合在一起，成了一天；男與女結合創造名為「孩子」的新生命一樣，生與死的結合創造了人類的人生意義與價值。

　　伊凡・伊里奇聽到內心的聲音說──「就是如此，沒有理由」也許是事實。人類的誕生沒有理由，神或命運也許沒有對我們的出生賦予生命意義。然而，在人的生活中，人生的意義必不可少。人的身體雖由碳原子構成，但人的心靈卻由意義組成。我們的鼻子藉由呼吸空氣保持身體活力，而我們的靈魂則透過呼吸意義讓人生有意義。當人生的意義消失時，人們會感受到死亡並陷入痛苦。然而，假如有明確的人生意義和理由，就能超越生與死的二分法，充滿自信地發聲。我們可以成為自己選擇的人生意義和理由的最後見證人。

　　我將生與死的二分法，轉化為尋找生命意義的二進制，就像電腦的 0 和 1 創造出無數的檔案和影片一樣。我相信人的生與死也能創造無數的意義和故事。生與死的二進制給我的第一個故事是「儘管如此」。

　　「生活就是這樣，生活沒有特別的理由，沒錯，有可能是

這樣，但儘管如此⋯⋯」我將為自己的人生創造意義。假如沒有人賦予我人生的意義，那麼唯一能替我的人生賦予意義的人——就是我自己！我將成為自己的希望。」

此刻，我心潮澎湃。我的心情曾因死亡而變得像是結滿蜘蛛網的地下室，如今湧入光明。或許，這就是伊凡·伊里奇在人生最後時刻所見到的光。現在，我想在我的生命中感受他在死亡時刻感受到的喜悅。在生命的每個角落，我將成為自己的希望。

附篇

沒人支持我，哪裡有我無可取代的位置

看臼井儀人的《蠟筆小新》動畫

像小新爸爸一樣無可取代

　　故事會受到許多人喜愛是有原因的，無論是讓男女老少產生共鳴或打動人心，或讓人紅了眼眶，又或是捧腹哈哈大笑。《蠟筆小新》就是故事相當優秀出色的其中之一。

　　這系列動畫主要描述家人與朋友之間的故事，有時比書更能打動我們的心。大家很快就會感覺到，《蠟筆小新》不只是搞笑動畫，其實有著溫馨感人的劇情與內在。

這世界上沒人站在我這邊

　　最近，高部長和二兒子發生激烈爭執。老二現在是高二生，看 YouTube 的時間比讀書還要長。儘管他說自己在讀書，但每次打開房門，大多數時間都躺在床上。在床上能做的就兩件事：睡覺或看手機。高部長自認自己不愛嘮叨，但那天忍不住生氣了。在他沒有意識到的情況下，噴出了如同火焰般的憤怒與煩躁。

　　就在他的右手猛揮兒子的頭部一拳後，他說：「喂！臭小子！小二的學生讀書時間都比你長。你到底想不想上大學？你到底在想什麼？每次看到你，都讓我很失望。你讓我覺得自己的人生很失敗、很可悲！」

　　「爸，你的人生失敗關我什麼事？上大學有什麼用？你不看新聞嗎？好大學的畢業生都找不到工作，大家都搶著去便利商店打工。我才不想上大學，你可以省下那些錢。我只想打工過一輩子。還有，你幹嘛打我頭？我明年就成年了，不要再打我頭，煩死了！」

　　老二是家中老么，是高部長捧在手掌心的寶貝兒子。他身材高大，食量驚人，現在已經是全家身高最高的。他熱愛運動，擅長巴西柔術、拳擊和劍道，都具有段位。高部長看著比自己還要高大、身材更為健碩的兒子憤怒起身，本能地感到有

些畏縮。父子用目光展開了激烈的對峙戰，就像兩頭準備撲食的野獸，互相怒視對方。緊張的氣氛讓人無法預測接下來會發生什麼事，然後，發生令人驚訝的事情。高部長突然流下淚水，就像剛才他自制力慢了揮手動作半拍一樣，現在他的理智也慢了這些模糊又灼熱的液體半拍。

「你說得對，真是抱歉。」

高部長只留下這句話就轉身離開兒子的房間。門關上的聲音如同他心房關上的聲音。他不禁思索，為什麼自己就是無法坦然面對兒子已經不再是懷中懵懂無知的小男孩。

受到 COVID-19 疫情影響，公司業績嚴重下滑，無論如何努力，像是推出以外賣為主的新產品，或舉辦各種外賣優惠活動，餐飲部門的業績也僅有去年的一半。雖然大家都明白這不是自己的錯，但在那種氛圍下，沒人能直接說出口。

高部長在會議上安慰大家不要太灰心，高層主管知道現在的困境都是 COVID-19 疫情造成的，很快就會有治療藥物問世，疫情也會在不久後結束，要大家振作起來。然而，剛離開會議室沒多久，組員們的手機就同時響起，是關於昨天確診病例突破 60 萬的新聞快報通知。

高部長沒有仔細看新聞。上個月某報紙報導公司可能出售餐飲部的新聞後，他對媒體的信任感大幅下降。雖說新聞報導不會空穴來風，但畢竟無風不起浪，隨著第三代經營者的

出現，餐飲部門不再受重視已經不是一天兩天的事。現在又有
COVID-19 疫情這個藉口，一切貌似已成定局。身為資深員工，
高部長時常感到不安，昨天還有傳聞說可能發生集體辭職事
件。這句話來自他在總公司管理部門同事的口中，高部長無法
輕視這種傳言，不自覺地露出「該來的還是來了」的表情。

　　無論在家裡、公司，還是世界上的任何一個角落，似乎
都沒有人站在他這邊。他怎麼也想不到家中最小的孩子，以及
COVID-19 疫情會同時對他發動攻擊。高部長從印有肺癌警告
圖片的菸盒中，取出最後一根菸。隨著煙霧飄散，他看見一輛
公車停靠在對面的車站，車身側面一如既往地貼上大而醒目的
廣告。

　　「蠟筆小新一家……蠟筆小新？看來《蠟筆小新》劇場版
要上映了。說到蠟筆小新，第一個想到的就是他的屁屁舞，說
到屁屁，就會想到二兒子……。」

　　高部長靜靜地站在那裡，直到看不見公車廣告上的蠟筆
小新和動感超人為止。他突然想起了專為小新爸爸配音的配音
員，在化療期間去世的新聞。

蠟筆小新爸爸的語錄

　　高部長在網站搜尋框輸入了「蠟筆小新爸爸」，立即出現相關搜尋關鍵字，如「配音員藤原啓治」、「小新爸爸的名字」、「小新爸爸語錄」等。小新爸爸語錄？沒錯，確實如此。在養育孩子的時候，高部長看了蠟筆小新，那時常會被小新爸爸野原廣志的話感動得偷偷落淚。那時他常想：「這就是我工作的理由。為了家庭，我也願意為了家人奉獻自己！」而兩個兒子不知道爸爸的想法，只是隨著音樂扭動屁股，看著他們搖晃的屁股，高部長感到幸福，也正因如此，為人父的決心更上一層樓。

　　高部長在 YouTube 上搜尋了小新爸爸語錄。當他觀看影片時，他感覺濃濃的回憶籠罩了辦公桌，就像剛煮好的咖啡香。他連忙記下影片下方的字幕。

　　　「在公司上班」、「為家庭奉獻」，父親的難處就是必須兼顧這兩方面。

　　每位父親都會對這句話產生百分之百的共鳴。他感覺自己的嘴角不由自主地上揚，但很快又垂了下來。

　　小新啊，爸爸一生中最幸福的時光就是你和小葵出生
的時候。

　　「在勳、正勳，爸爸也是一樣。是你們給了我『爸爸』這
個沉重、又有著深刻意義的稱謂。是的，我曾因為這個稱謂而
激動地不能自已。」看著野原廣志的臺詞，高部長不由自主點
頭贊同。

　　小新，你能長大，是因為有人保護你。爸爸也一樣。
　　一個誤以為自己是靠個人力量成長的人，其實不配獲
得這麼多讓自己成長的資源。

　　高部長本想把這段話截圖發給二兒子，但是不到 0.1 秒，
他就放棄這個念頭。畢竟他沒有資格去指責別人。他也有父
親，一想起父親，他就覺得自己是個罪人。他想到父親當年狠
狠地抽打他的小腿後，又溫柔地在紅腫的小腿上擦藥的回憶。
他當時假裝睡著，心中暗自想著「如果要這麼做，當初為什麼
打我」。但他還是忍住了這些話。高部長認為，也許人們總以
為自己是獨立長大的，但這不過就是人類基因自私的一部分。
尤其，二兒子的臉和自己的臉是如此相似。

我們不是保護世界的英雄。我們只是想讓孩子擁有美好未來的父親。

高部長突然想起父親。他已經忘記自己與二兒子的爭執，心中只有對父親的思念。他想像著獨自躺臥在冰冷地上的父親。他無法理解自己為何如此清晰地記得，當時為了節省葬禮開銷而吵架的場景。另一方面，他卻想不起任何可辯解的理由。

工作永遠有人可取代，但父親，無可取代。

高部長的父親開了一輩子計程車，他以自己是「交通家庭」的一員而自豪。父親總是強調安全駕駛的重要，說無論駕駛技術多好，也可能因為別人的錯誤，導致一切毀於一旦。父親過世後，沒人能替代他的位置。高部長突然明白，有些空缺是在失去後才能真正感受到。

父親退休後，每頓飯都會喝燒酒。那時候高部長無法理解，如今他自己也成了那樣的人。他想像著，若是父親還在世，看到他現在的樣子會說些什麼。大概會擔心他為什麼喝那麼多酒，實在有害健康。就像他當年對父親說的，也像現在兩個兒子對他說的。

夢想不會逃跑，逃跑的永遠是你

當他看到如標題的這句臺詞，高部長的身體變得僵硬了，就像看到了希臘神話中的蛇髮女妖梅杜莎。夢想這個詞總是深刻地影響人們，它雖有溫暖的外表卻也有著冰冷的精神，讓懷抱夢想者感到刺骨的寒冷。但是，夢想並不藏在遙遠的星球，夢想與擁抱它的人一起默默地生活。

然而，我們時常在生活的「急診室」中丟失夢想，忘了夢想就在自己心底，忙於支付突然增加的房屋租金或鉅額醫療費用，這無疑是緊急情況。高部長也曾多次接到這樣的緊急電話。每次，他作為父親、丈夫、長子，抱著必須解決問題的責任感，奮力應對。緊急電話總是在最糟糕的時刻響起。花了幾年時間，辛辛苦苦存下的環遊世界旅行基金，不得不拿去支付增加的房租。高部長別無選擇，因為沒有家就無法生活，若是環遊世界回來卻無家可歸，這樣的後果豈不是更糟？而在外忙碌，偶然得到的額外收入卻都被醫院拿走，儘管感到苦澀，但卻感謝老天爺，因為那些錢讓他能履行為人子的責任。曾經渴望的 MBA 進修計畫，因為孩子的學費而不得不擱置。就這樣，歲月的車輪不停地向前滾動。

但現在，蠟筆小新的爸爸正在告訴高部長，逃跑的從來不是夢想，總是自己。人生中，哪有一天是沒有任何事件和意外

發生的？未來同樣如此，不會有那種日子。假如不逃跑，堅持夢想，那麼有朝一日會用某種方式品嘗到夢想的滋味。直到夢想變成生活；直到生活變成夢想；直到夢想與生活合而為一。夢想不會主動出現，也不會逃跑。當一個人精疲力竭，雙手撐地，夢想就會出現，彷彿一切都不曾發生，用燦爛的笑容迎接你。夢想用它理解一切的表情，宛如神職人員般對你說：我一直在等你，現在還不遲，重新開始吧！我永遠不會背叛你。

只要繼續默默地努力實現夢想，夢想絕不會傷害任何人。

是的，夢想絕不會傷害任何人。高部長的胸口充滿了一陣暖意，他的靈魂如同一台久未啟動的老式鍋爐般，終於開始運轉。雖然發出的咕嚕咕嚕聲，就像才剛加滿水一樣，但它確實動了，這使他感到有些激動。正如蠟筆小新的爸爸所說，無須擔心「我能做到嗎？」唯一需要決定的是：做，還是不做。

我們不應該只關注終將消逝的事物。我們存在這世上，並不是為了關注終將消失之物，而是為了共同享受美好幸福的時光。

　　高部長感覺自己一直以來，為了那些終將消逝之物努力得太久。每當自問為何而活、自己的存在意義為何的時候，總是無法找到滿意的答案。然而，他非常滿意蠟筆小新爸爸的觀點──「為了共同享受美好幸福的時光而存在這世上」。這似乎並不遜色於四大聖人（譯按：一般指耶穌、釋迦牟尼、孔子、蘇格拉底，但有時包括穆罕默德，而非蘇格拉底）的教誨。

　　他的妻子曾經推薦一支影片給他。影片內容是有一家人一起乘坐老舊巴士穿越西伯利亞大陸旅行。節目製作人詢問那個家庭的父親，如何作出如此大膽的決定。手握方向盤的父親平靜地回答：「部長，部長。孩子有一天這樣子喊我，我覺得很惆悵。我希望孩子們能記住我是他們的父親。」

　　高部長看到他們一家人在旅程終點葡萄牙的羅卡角（Cabo da Roca），彼此緊緊相擁而泣，他不由自主地也跟著哭出來。那時候他不明白自己為什麼會流淚，但現在好像明白了。家人的存在是為了一起度過幸福的時光，我們卻不知道有這樣的存在目的，父母一心想著賺錢，孩子們則忙於課業。不過，為了拯救自己不再只是埋首於看著地上，違背天意生活，那家人率先邁開腳步，走向世界。試想當受困的人聽見救援隊來到的清晰聲音時，怎能不感動得流淚呢？現在，高部長終於明白，為什麼小新爸爸和反派之間的對話被列為經典語錄了。

小新爸爸：我要和家人一起度過未來！

反派：你的人生真無聊。

小新爸爸：我的人生不無聊！有家人在，我非常幸福，幸福得甚至想與你分享。

父親的位置永遠在家人身邊

小新爸爸冷靜地區分了婚姻和婚姻生活。他認為「婚姻本身是美好的，但是將婚姻生活的常規強加於婚姻卻是錯誤的」。高部長深有共鳴。「婚姻生活就該這樣，該那樣」等種種慣例，往往扼殺了婚姻的生命力。周圍有多少夫妻如同展示櫃中的展品，彼此的關係只是為了展示於人前。高部長慢慢地思考是什麼使婚姻熠熠生輝，果然就是兩個孩子。婚姻帶給他最大的意義，就是在他人心中創造了自己的位置，而不是在物理空間上。在這浩瀚宇宙裡，有個與我相似之人正佔據著重要位置，真是太神奇了。

小新爸爸向妻子分享了贏得他人好感的祕訣。

你明天遇見的人當中，有四分之三都在拚命尋找與自己觀點相同的人。實現他們這個願望，就是獲得他人好感

的關鍵。

我們都喜歡那些尊重自己意見的人。自己的想法被人接受，代表自己對對方產生了一些影響。無論是子女還是他人，不聽我說話的人總是最討厭的。對人類而言，溝通不良是一大傷害。小新爸爸深諳此理。

在職場叢林中生存必須具備的一項技能：準確區分敵人和盟友的能力。我對他人的期望正是他人對我的期望。我在尋找志同道合的盟友，他人也是如此。擁有愈多盟友，成功生存的機率就愈大。滿足他人願望，理解他人觀點，這就有助於贏得他人的好感。與其說這是精明狡猾，這更近乎長期職場生活所累積下來的智慧，深刻理解人性。

高部長剛剛遞出了辭呈。他坐在堆積了 23 年 8 個月歲月的辦公桌前，陷入沉思。他很快意識到一個驚人的事實。從二十多歲開始，他覺得只要不在公司，在哪裡都好，但到了現在他已經無處可退，公司卻未曾有過任何變化。這是事實。若說有什麼改變了，那始終是自己。他就像風中的落葉受各種慾望牽引，隨風飄零。他突然覺得是自己變化無常的心，使無辜的同事們也受到牽連了。

要是辭呈批准了，他應該先做什麼呢？首先，他想與家人商量，來一趟長途旅行。畢竟這些年辛苦的原因，就是為了

與家人過上幸福快樂的生活。但他又突然擔心，這麼多資深員工集體離職，公司是否能正常運作。另外，他也希望親愛的後輩們適應良好，不要在即將消失的總公司和新公司之間發生衝突。就在這時，他突然笑了出來，因為他想起小新回應爸爸的一句名言。奇怪的是，此刻他的心情變得很輕鬆又單純。

　　小新爸爸：對了，公司會怎麼樣呢？

　　小新：爸爸，你的空缺沒你擔心得那麼大。

國家圖書館出版品預行編目（CIP）資料

就算變成蟲也得去上班：職場沉浮，生涯迷航，12 本經典
同理你的委屈，療癒你的憂懼／朴允晋著；黃菀婷譯 . -- 第
一版 . -- 臺北市：天下雜誌股份有限公司，2024.06
240 面 ; 14.8 × 21 公分 . --（天下財經 ; 552）
譯自：벌레가 되어도 출근은 해야 해
ISBN　978-626-7468-18-0（平裝）
1. CST: 職場　　2.CST: 人生哲學　　3.CST: 通俗作品
191.9　　　　　　　　　　　　　　　　　　113006633

天下財經 552

就算變成蟲也得去上班

職場沉浮，生涯迷航，12 本經典同理你的委屈，療癒你的憂懼
벌레가 되어도 출근은 해야 해

作　　者／朴允晉 박윤진 , YunJin Park
譯　　者／黃菀婷
封面設計／FE 設計
內頁排版／林婕瀅
特約編輯／呂美雲
責任編輯／吳瑞淑

天下雜誌群創辦人／殷允芃
天下雜誌董事長／吳迎春
出版部總編輯／吳韻儀
出 版 者／天下雜誌股份有限公司
地　　址／台北市 104 南京東路二段 139 號 11 樓
讀者服務／（02）2662-0332　傳真／（02）2662-6048
天下雜誌 GROUP 網址／ http://www.cw.com.tw
劃撥帳號／ 01895001 天下雜誌股份有限公司
法律顧問／台英國際商務法律事務所・羅明通律師
製版印刷／中原造像股份有限公司
總 經 銷／大和圖書有限公司　電話／（02）8990-2588
出版日期／ 2024 年 6 月 5 日第一版第一次印行
定　　價／ 350 元

書號：BCCF0552P
ISBN：978-626-7468-18-0（平裝）

直營門市書香花園　地址／台北市建國北路二段 6 巷 11 號　電話／ 02-2506-1635
天下網路書店 shop.cwbook.com.tw　電話／ 02-2662-0332　傳真／ 02-2662-6048

本書如有缺頁、破損、裝訂錯誤，請寄回本公司調換